Sylvia Englert

Meere und Ozeane

Mit Illustrationen von
Johann Brandstetter

cbj ist der Kinder- und Jugendbuchverlag
in der Verlagsgruppe Random House

Unser herzlicher Dank gilt allen, die uns bei der Beantwortung der Fragen unterstützt haben:
Dr. Uwe Waller vom Leibniz-Institut für Meereswissenschaften IFM-GEOMAR, Dr. Claudio Richter vom Zentrum
für Marine Tropenökologie, Dr. Peter Ehlers vom Bundesamt für Seeschifffahrt und Hydrographie,
Christof Goetze von der Schutzstation Wattenmeer e.V., Dr. Anselm Goertz, Dr. med Markus Bauer,
Christian Münker und vor allem der Redaktion der »Sendung mit der Maus«, besonders Hilla Stadtbäumer.

Verlagsgruppe Random House FSC-DEU-0100
Das für dieses Buch verwendete FSC® -zertifizierte Papier
Eurobulk von Biberist liefert Papier Union.

Gesetzt nach den Regeln der Rechtschreibreform

2. Auflage
© 2007 cbj, München
© I. Schmitt-Menzel / WDR mediagroup licensing GmbH
Die Sendung mit der Maus ® WDR
Lizenzagentur: BAVARIA SONOR, D-82031 Geiselgasteig
Alle Rechte vorbehalten
Lektorat: Ulrike Hauswaldt
Redaktion: Anette Reiter
Bildredaktion: Tanja Nerger
Umschlagbild und Innenillustrationen: Johann Brandstetter
Umschlagkonzeption: Init. büro für gestaltung, Bielefeld
Bildnachweis für Innenfotos: Ardea, London/England: 25 o. (Ken Lucas); Bilderberg,
Hamburg: 19 (Reinhard Dirscherl); Corbis Stockmarket, Düsseldorf: 42 (Jeffrey L. Rotman), 43 (Craig Tuttle);
Gettyimages, München: 7 (Taxi/Peter Scoones), 15 (Photographer´s Choice/Pete Atkinson),
25 u. (National Geographic/Tim Laman), 51 (Stone/Bob Barbour), 53 (Stone/Mark A. Leman);
Interfoto, München: 37 (Archiv Friedrich); Mauritius-Bildagentur, Mittenwald: 46 (Reinhard Dirscherl),
49 (die Kleinert); NASA/GSFC, Washington, DC/USA: 13 (Jacques Descloitres,
MODIS Rapid Response Team); NHPA, London/England: 12 (M I Walker);
Picture Alliance, Frankfurt: 50 (dpa- Report);
Shipping Publications, Krohn Johansen Forlag, Larvik: 52 (B.A. Krohn Johansen)
Mausillustrationen: Ina Steinmetz
AR • Herstellung: Ina Hochbach
Layout und Satz: Sabine Hüttenkofer, Großdingharting
Reproduktion: Wahl Media GmbH, München
Druck: Polygraf Print
ISBN 978-3-570-13151-0
Printed in the Slovak Republic

www.cbj-verlag.de

Inhalt

4 Warum ist Meerwasser salzig?

6 Wie sind die Fische ins Meer gekommen?

8 Warum haben Fische Schuppen?

10 Wie kommt die Tinte in den Tintenfisch?

12 Warum wachsen im Wasser Algen?

14 Warum tut es weh, wenn man eine Qualle berührt?

16 Wohin verschwindet das Wasser, wenn Ebbe kommt?

18 Warum passiert Clownfischen in der Anemone nichts?

20 Warum stoßen Fische im Schwarm nie gegeneinander?

22 Warum hört man in großen Muscheln das Meer rauschen?

24 Sind Fische wirklich stumm?

26 Was sind Korallen und wie entsteht ein Riff?

32 Müssen Fische trinken?

34 Warum kann man unter Wasser nur mit einer Taucherbrille klar sehen?

36 Wie funktioniert ein U-Boot?

38 Wie sieht es in der Tiefsee aus?

40 Wie können Fische unter Wasser atmen?

42 Wie viele Zähne hat ein Hai?

44 Wie schlafen Delfine?

46 Warum können Wale so lange tauchen?

48 Was ist der Unterschied zwischen Meer und Ozean?

50 Wie entstehen Wellen?

52 Wem gehört das Meer?

54 Mauslexikon*

55 Register

* Alle im Text farbig hervorgehobenen Begriffe werden im Mauslexikon erklärt.

Warum ist Meerwasser salzig?

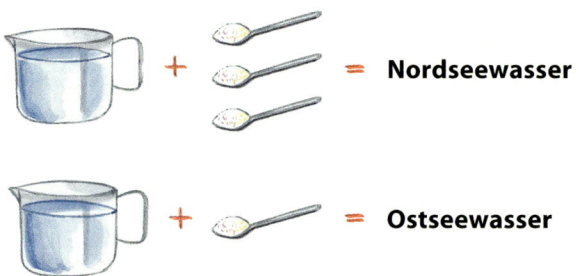

Nordseewasser ist viel salziger als Ostseewasser. Denn die Ostsee ist nur durch einen schmalen Kanal mit anderen Meeren verbunden und bekommt viel Süßwasser aus Regen und Flüssen.

in Liter Wasser aus dem offenen Meer enthält etwa drei Esslöffel Salz. Pech für Schiffbrüchige: Trinken kann man das nicht, ohne dass einem übel wird oder man noch mehr Durst bekommt! Um zu erklären, wie die Ozeane salzig wurden, muss man weit in die Erdgeschichte zurückschauen.

Ursprünglich war die Erde ein glühender Gesteinsball, auf dem zahlreiche Vulkane Feuer spuckten. Aus dem geschmolzenen Gestein entwichen Gase, darunter auch Wasserdampf. Als die Erde langsam abkühlte, bildeten sich daraus riesige Wolken, und es begann zu regnen. Es regnete und regnete, und zwar nicht nur ein paar Wochen, sondern gleich Millionen Jahre. Nach und nach entstanden aus diesem Wasser die Ozeane.

Anfangs, vor etwa vier Milliarden Jahren, bestanden sie noch aus Süßwasser. Doch der heftige Regen wusch alles, was sich irgendwie auflösen ließ – Salze und viele andere Stoffe –, aus dem Gestein ins Meer. Deshalb enthält Meerwasser fast hundert verschiedene Stoffe, darunter jede Menge Salz.

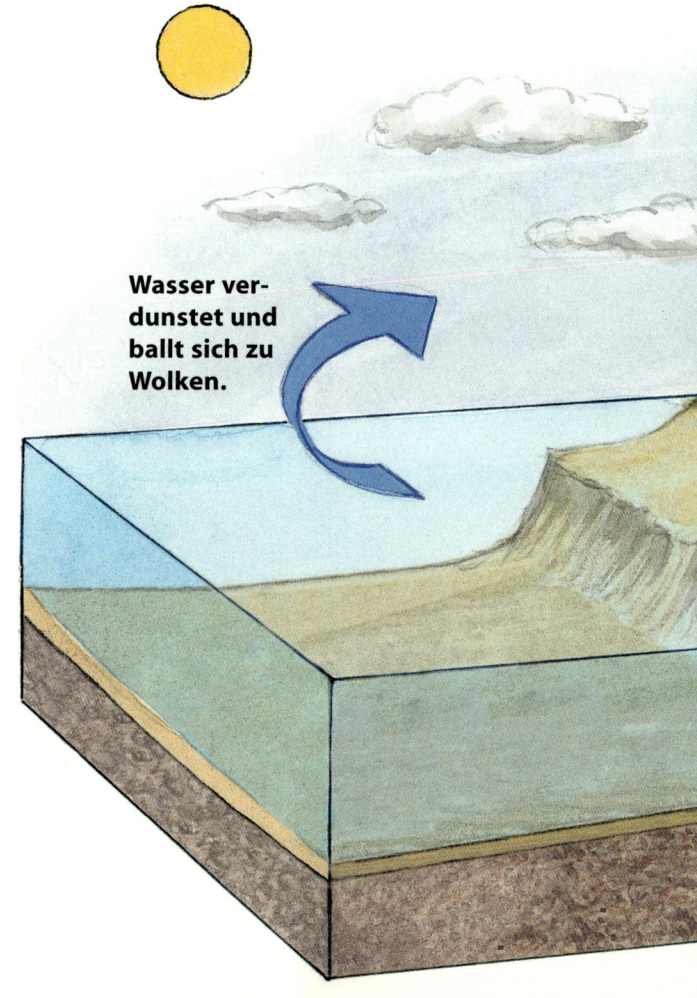

Wasser verdunstet und ballt sich zu Wolken.

4

Das offene Meer ist immer gleich salzig. Wie kann das sein – schließlich fließt aus Flüssen ständig Süßwasser nach? Die Erklärung liegt im Kreislauf des Wassers. Flüsse und Regen verdünnen das Meerwasser zwar, doch das Meer gibt auch Wasser ab.

Wenn die Sonne auf die Meeresoberfläche knallt, verdunstet Wasser, steigt als Dampf in die Luft auf und ballt sich dort zu Wolken. Als Regen kehrt das Wasser wieder aufs Festland (und damit in die Flüsse) zurück.

So bleibt der Salzgehalt im Gleichgewicht und ändert sich höchstens im Laufe von Jahrmillionen.

Ein Problem haben Meere, die keinen Zugang zum Ozean besitzen und nur wenig Frischwasser aus Flüssen bekommen – wie das Tote Meer zwischen Israel und Jordanien zum Beispiel. Dort ist das Wasser schon so salzig geworden, dass keine Fische mehr darin leben können. So ist das Meer zu seinem Namen gekommen.

Als Regen fällt das Wasser auf die Erde.

In Flüssen gelangt das Wasser wieder ins Meer.

Der Kreislauf des Wassers

5

Wie sind die Fische ins Meer gekommen?

Das Leben auf der Erde ist im Meer entstanden und hat dann langsam das Land erobert. Fische entwickelten sich schon vor 490 Millionen Jahren – lange vor den Dinosauriern!

Wahrscheinlich fing alles so an: In der Tiefsee stieg heißes Wasser, das viele verschiedene Stoffe enthielt, aus dem Inneren der Erde auf. Die Stoffe könnten sich verbunden und verändert haben. Viele Wissenschaftler glauben, dass daraus die Bausteine des Lebens entstanden. Einzelne Zellen, primitive Algen und Bakterien bildeten sich.

Man vermutet, dass sie sich über viele Millionen Jahre hinweg in winzigen Schritten zu komplizierteren Lebewesen weiterentwickelten. Diese fanden unterschiedliche Möglichkeiten, sich Nahrung zu beschaffen und sich an ihre Lebenswelt anzupassen. Dadurch bevölkerten immer mehr Arten von Tieren und Pflanzen die junge Erde.

Bevor auf diese Weise die Fische entstanden, gab es im Meer schon Schwämme, Korallen und viele gepanzerte Tiere mit Beinen, die Gliederfüßer. Hättet ihr damals ein Netz durchs Wasser gezogen, wären sehr wahrscheinlich ein paar Trilobiten drin gewesen. Von diesen Gliederfüßern gab es sehr viele.

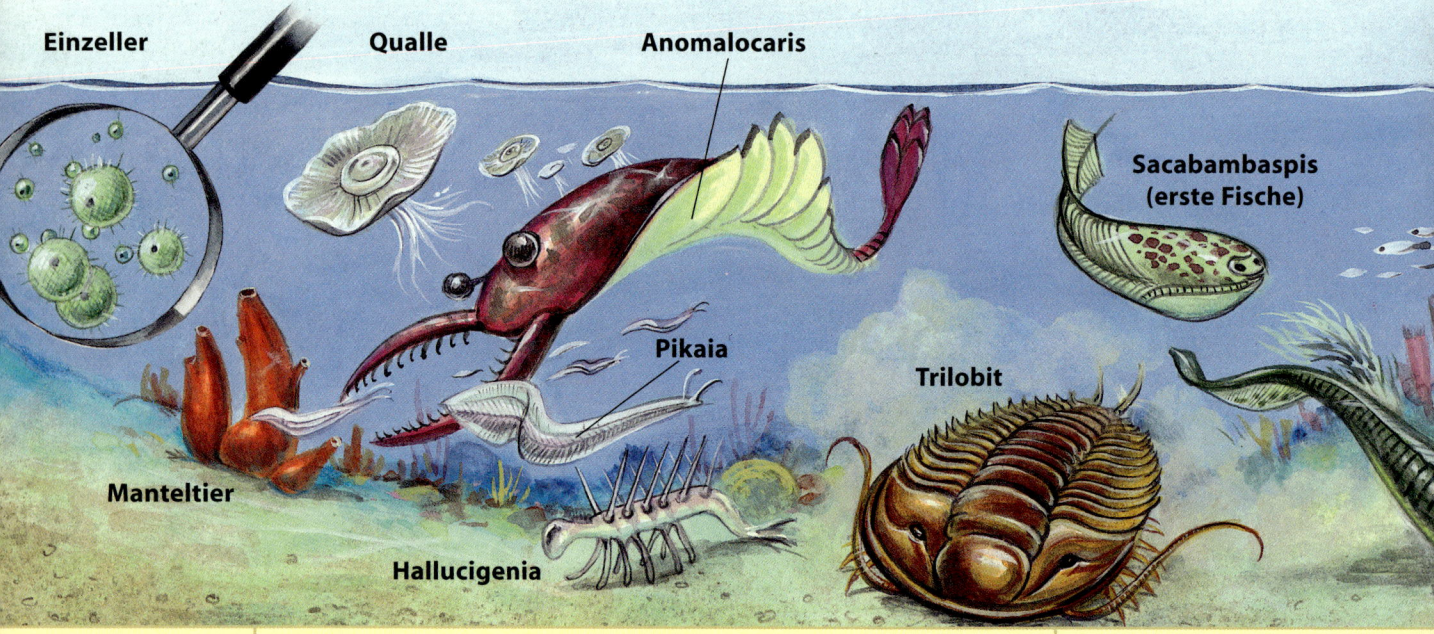

Einzeller

Qualle

Anomalocaris

Sacabambaspis (erste Fische)

Pikaia

Trilobit

Manteltier

Hallucigenia

vor 3,5 Milliarden Jahren

Kambrium
vor 545 – 490 Millionen Jahren

Ordovizium
vor 490 – 443 Millionen Jahren

Die ersten Fische sahen schon fast so aus wie heute. Nur hatten sie keine Kieferknochen, sondern ein rundes, fleischiges Maul. Außerdem waren die Körper mancher Fische dick gepanzert. So schützten sie sich gegen Feinde. Besonders gefährlich wurde es für Fische im Zeitalter der Saurier. Damals wurden sie von Meeressauriern, die Delfinen ähnlich sahen, gejagt.

Es ist wahrscheinlich, dass enge Verwandte des Quastenflossers sich als erste Fische an Land wagten.

Meeressaurier

Viele Tiere, die einmal die Ozeane bevölkerten, sind wieder verschwunden. Zum Beispiel die Trilobiten. Aber eine sehr, sehr alte Fischart gibt es noch heute. Lange dachten Wissenschaftler, der Quastenflosser sei ausgestorben.

Man kannte ihn nur aus Versteinerungen. Bis Fischer 1938 in Südafrika eines dieser Tiere aus dem Wasser zogen! Der Quastenflosser hat feste Vorderflossen, mit denen er über den Boden »laufen« kann. Manche Arten konnten wahrscheinlich sogar Luft atmen wie wir.

Cladoselache (früher Hai)

Eusthenopteron (erster Landgänger)

Dunkleosteous (gepanzerter Fisch)

Hemicyclaspis (kieferloser Fisch)

Lungenfisch

Belemit (urzeitlicher Tintenfisch)

Devon
vor 417 – 354 Millionen Jahren

Warum haben Fische Schuppen?

Fischschuppen liegen wie Dachziegel übereinander.

Wären nicht ein Fell oder nackte Haut genauso praktisch? Nicht wirklich! Es gibt zwar Fische, die eine Haut ohne Schuppen haben. Zum Beispiel Haie oder Rochen. Und für Meeressäugetiere wie Robben ist ein wärmendes Fell nützlich. Aber die meisten Fische haben Schuppen, denn sie bieten die größten Vorteile.

1. Die Schuppen dichten den Körper gegen das Wasser ab.

2. Sie geben dem Fischkörper eine größere Festigkeit. Trotzdem behindern sie den Fisch nicht beim Schwimmen.

3. Ursprünglich waren sie auch ein Schutz gegen Feinde. Wie die Schuppen sich entwickelt haben, sieht man an Fischen, die es schon sehr lange auf der Erde gibt, zum Beispiel dem Stör. Sein Körper ist mit Knochenplatten gepanzert wie ein Ritter mit der Rüstung. Bei diesem Anblick vergeht jedem Raubfisch die Lust zuzubeißen!

Der bis zu acht Meter lange Stör hat keine Schuppen, sondern Knochenplatten.

8

Heute haben die meisten Fische kleinere Schuppen. Aber auch sie bewahren noch vor Abschürfungen an Steinen und Pflanzen.

Fischschuppen bestehen aus einem ähnlichen Material wie unsere Fingernägel. Zusätzlich enthalten sie Kalk. Das macht sie fest und biegsam zugleich.
Wenn ihr schon einmal einen Fisch berührt habt, habt ihr bestimmt gemerkt, dass er sich schleimig anfühlt. Diese Schleimschicht über den Schuppen ist eine Schutzschicht gegen schädliche Bakterien. Sie wird ständig neu gebildet, sodass die Bakterien abgestreift werden.

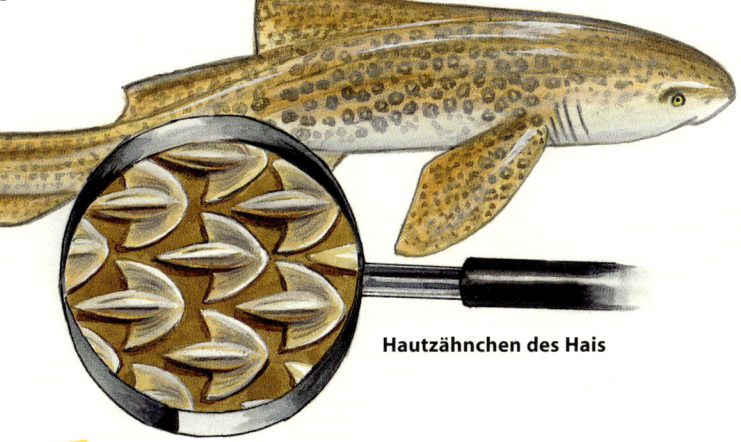

Hautzähnchen des Hais

Forscher können anhand der Schuppen eines Fischs feststellen, wie alt er ist. Mit einer Lupe oder unter dem Mikroskop zählen sie die vielen kleinen Ringe, die man auf den Schuppen erkennen kann. Jeder Ring steht für ein Jahr.

Haie fühlen sich nicht schleimig an, sondern rau wie Schleifpapier. Ihre Haut ist mit vielen winzigen Zähnchen besetzt. Diese Zähnchen nutzen die Raubfische bei der Jagd: Ein neugieriger Hai streift an einer möglichen Beute erst einmal vorbei. Dabei raspelt er eine kleine Kostprobe ab. Über Sinneszellen in seiner Haut kann er feststellen, wie die Beute schmeckt und ob es sich lohnt hineinzubeißen.

Wie kommt die Tinte in den Tintenfisch?

Es wäre bestimmt ein lustiger Anblick, wenn Tintenfische in den Schreibwarenladen kriechen und dort Tintenpatronen nachkaufen würden.

Aber das haben diese mit den Schnecken verwandten Weichtiere gar nicht nötig.

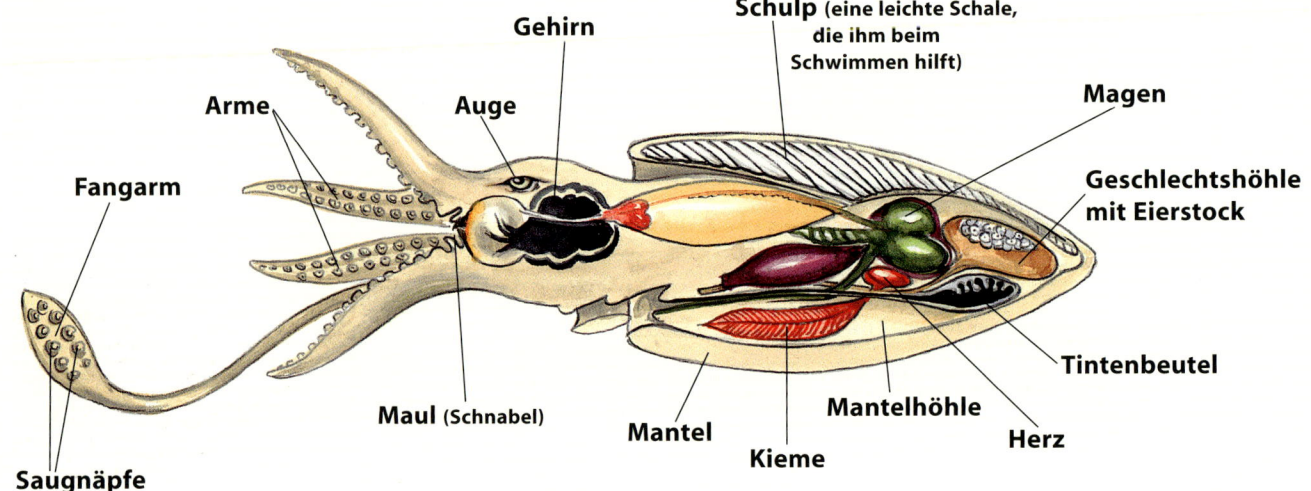

Gehirn

Schulp (eine leichte Schale, die ihm beim Schwimmen hilft)

Magen

Arme

Auge

Geschlechtshöhle mit Eierstock

Fangarm

Tintenbeutel

Maul (Schnabel)

Mantelhöhle

Mantel

Herz

Kieme

Saugnäpfe

Körper eines Tintenfischs

Sie erzeugen ihre Tinte mit besonderen Drüsen selbst und lagern sie in einem Farbbeutel in ihrem Körper. Die Tinte besteht vor allem aus dem Farbstoff Melanin. Auch Menschen haben diesen Stoff im Körper, er gibt uns unsere Haut- und Haarfarbe.

Wenn ein Tintenfisch oder Krake (die beide zu den Kopffüßern gehören) fliehen muss, entleert er seinen Tintenbeutel.

Dem Verfolger wird buchstäblich schwarz vor Augen. Nur in der stockdunklen Tiefsee funktioniert das nicht. Die Krakenarten, die dort leben, stoßen bei Gefahr eine Wolke leuchtender Flüssigkeit aus. Das verwirrt Feinde. Dann versucht der Krake zu entkommen.

Meist kriecht oder läuft er auf seinen acht Armen über den Meeresboden.

Aber er ist auch ein geschickter Schwimmer. Durch eine Öffnung nimmt er Wasser in seine Körperhöhle auf und presst es schnell wieder heraus. Schon saust er davon wie eine Rakete!
Um sich zu verstecken, schlüpft der Krake am liebsten in Höhlen unter. Dort ist sein weicher, knochenloser Körper vor Feinden geschützt. Ganz in Ruhe kann er dort mit seinem kräftigen schnabelartigen Maul Krebse und Muscheln knacken oder auf vorbeischwimmende Fische lauern.

Selbst wenn Kraken aus ihrer Höhle herauskommen, sind sie kaum zu entdecken. Denn Kraken sind Verwandlungskünstler.

Blitzschnell passt sich ihre Farbe dem Untergrund an. Das funktioniert durch übereinanderliegende Farbzellen in ihrer Haut, die sich dehnen oder zusammenziehen können. Gemeinsam ergeben sie dann das nötige Muster.

Warum wachsen im Wasser Algen?

s ist wie verhext: Auch in einem sauberen Glas Wasser wachsen nach ein paar Tagen Algen! Das liegt daran, dass winzige Algen überall in der Luft herumschweben. Landet eine Alge im Wasser, beginnt sie sofort, sich zu teilen. Sie vermehrt sich im Eiltempo.

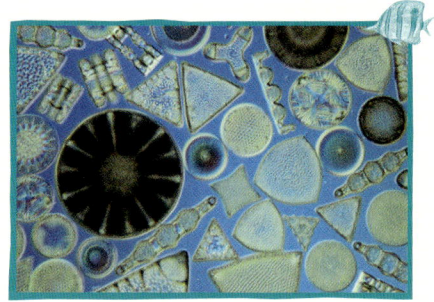

So sehen Kieselalgen unter dem Mikroskop aus.

Doch was im Schwimmbad oder Aquarium ein Ärgernis bedeutet, ist im Meer ein Segen. Denn ohne Algen gäbe es keine Fische! Die winzigen Algenarten, die im Meer umhertreiben, nennt man das pflanzliche Plankton. Von ihm ernähren sich viele winzige Tiere, das tierische Plankton.

Es wird von kleinen Fischen gefressen, von denen sich wiederum größere Fische und Seevögel ernähren. Die größeren Fische sind die Beute von Delfinen, Haien und anderen großen Räubern der Meere.
Es gibt aber auch große Meeresbewohner, die sich direkt vom Plankton ernähren – Wale und Walhaie.

Die Nahrungskette des Meeres:

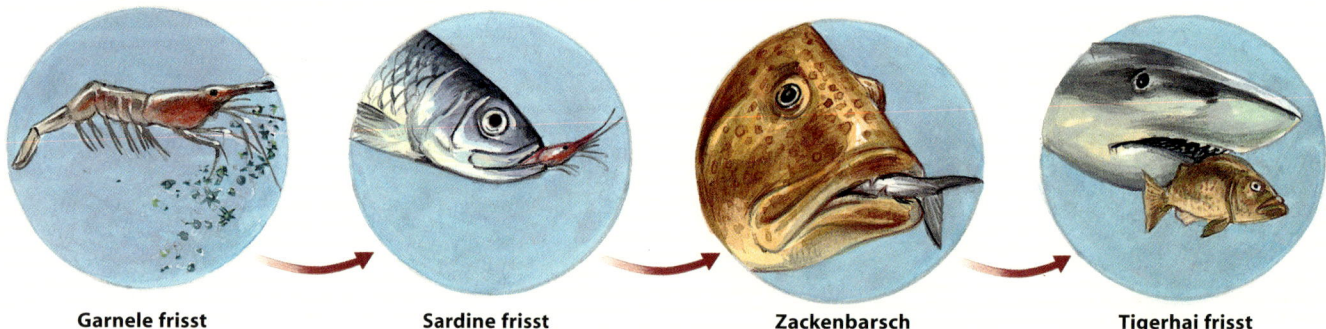

Garnele frisst Grünalgen	**Sardine frisst Garnele**	**Zackenbarsch frisst Sardine**	**Tigerhai frisst Zackenbarsch**

Neben dem Plankton gibt es auch viele größere Algen, Tang genannt. Tang hat keine Wurzeln und keine richtigen Blätter.

Manche Arten von Tang enthalten Gasblasen, damit sie besser an der Wasseroberfläche schwimmen.

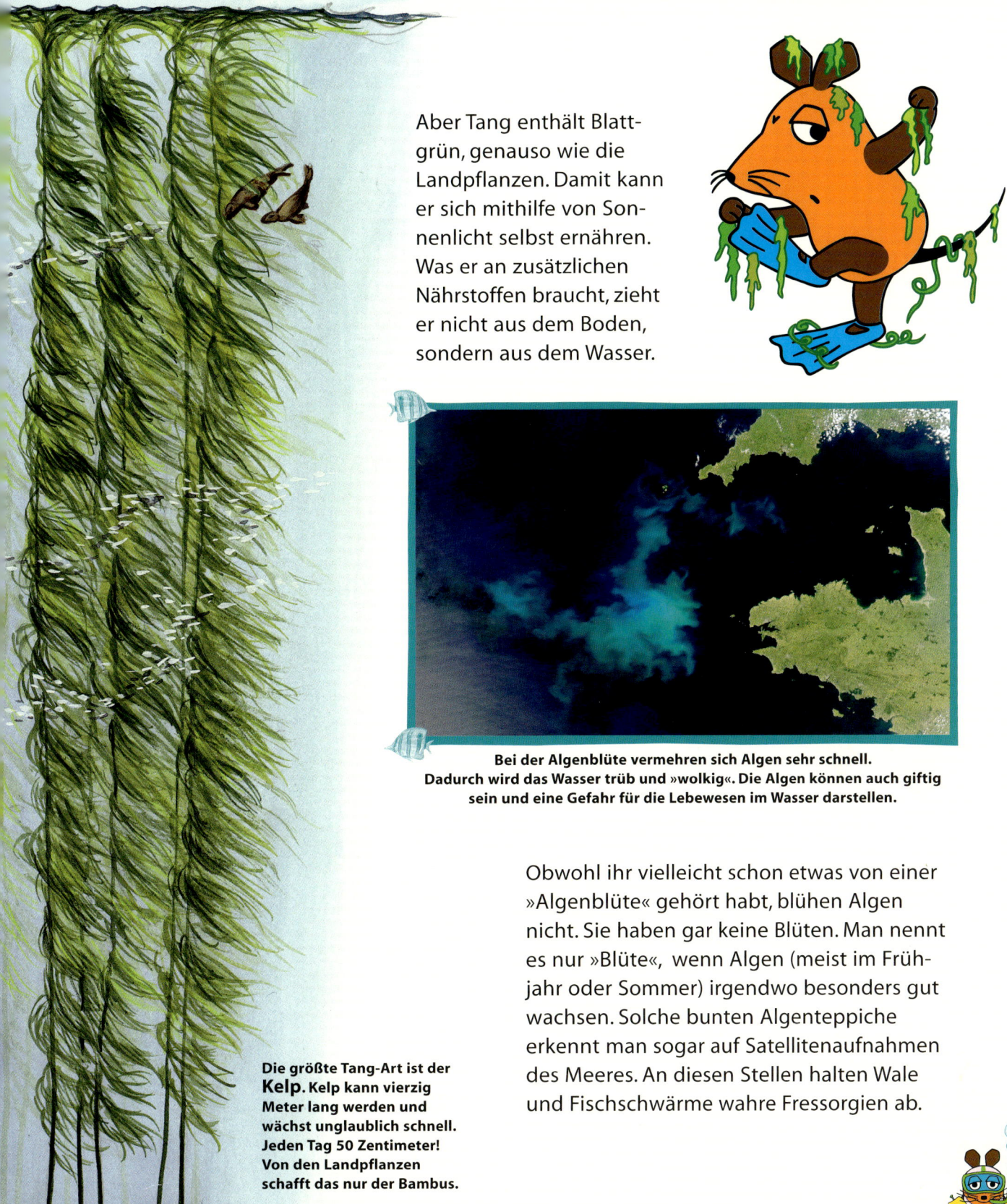

Aber Tang enthält Blattgrün, genauso wie die Landpflanzen. Damit kann er sich mithilfe von Sonnenlicht selbst ernähren. Was er an zusätzlichen Nährstoffen braucht, zieht er nicht aus dem Boden, sondern aus dem Wasser.

Bei der Algenblüte vermehren sich Algen sehr schnell. Dadurch wird das Wasser trüb und »wolkig«. Die Algen können auch giftig sein und eine Gefahr für die Lebewesen im Wasser darstellen.

Obwohl ihr vielleicht schon etwas von einer »Algenblüte« gehört habt, blühen Algen nicht. Sie haben gar keine Blüten. Man nennt es nur »Blüte«, wenn Algen (meist im Frühjahr oder Sommer) irgendwo besonders gut wachsen. Solche bunten Algenteppiche erkennt man sogar auf Satellitenaufnahmen des Meeres. An diesen Stellen halten Wale und Fischschwärme wahre Fressorgien ab.

Die größte Tang-Art ist der Kelp. Kelp kann vierzig Meter lang werden und wächst unglaublich schnell. Jeden Tag 50 Zentimeter! Von den Landpflanzen schafft das nur der Bambus.

Warum tut es weh, wenn man eine Qualle berührt?

Wenn ihr schon einmal eine Brennnessel angefasst habt, könnt ihr euch vorstellen, wie es ist, eine Qualle zu berühren. Die Arme vieler Quallenarten sind nämlich mit winzigen, giftgefüllten Nesselkapseln besetzt. Berührt ihr sie, schießen sie auf euch!

Aus der Nesselkapsel springt ein Faden heraus, auf dem Dornen sitzen. Diese Dornen durchschlagen die Haut wie eine kleine Harpune, sodass Gift in den Körper eindringen kann.

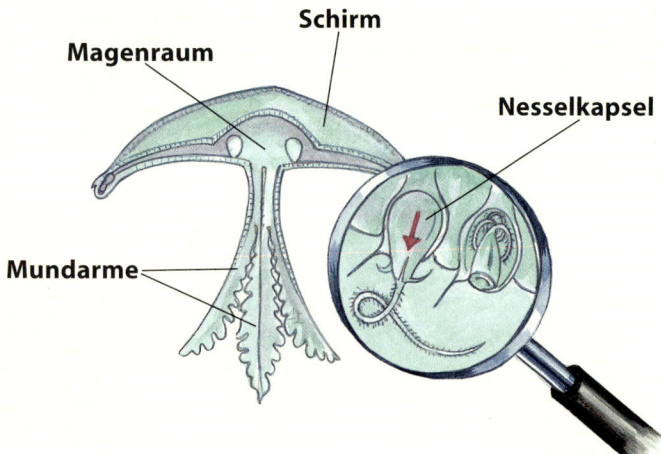

Magenraum
Schirm
Nesselkapsel
Mundarme

Wie weh das tut, hängt von der Quallenart ab. Die in Europa häufige Ohrenqualle ist für Menschen ungefährlich. Aber in Nord- und Ostsee gibt es auch Feuer- und Nesselquallen, von denen die Haut heftig brennt.

Es hilft übrigens, Essig auf die Wunde zu tun. Bei größeren Verletzungen müsst ihr aber zum Arzt gehen.

Noch unangenehmere Quallen gibt es in wärmeren Gewässern: Um die Portugiesische Galeere zum Beispiel sollte man einen Bogen machen. Am besten einen richtig weiten. Zwar ist ihr Schirm nur dreißig Zentimeter groß, doch ihre gefährlichen Fangarme (Tentakel) können 50 Meter lang werden.

Das Gift nützt den Quallen, weil sie damit kleine Beutetiere wie Fische, Krebse und Würmer lähmen können. Aber vor allem dient es ihnen als Waffe. Quallen können sich nämlich nicht besonders schnell fortbewegen und lassen sich die meiste Zeit einfach mit der Strömung treiben. Ohne das Gift würden sie schnell gefressen werden. Doch weil sie sich so gut verteidigen können, haben sie kaum Feinde. Nur die Fadenschnecke wagt sich an sie heran. Ihr macht das Nesselgift nichts aus.

Fadenschnecke

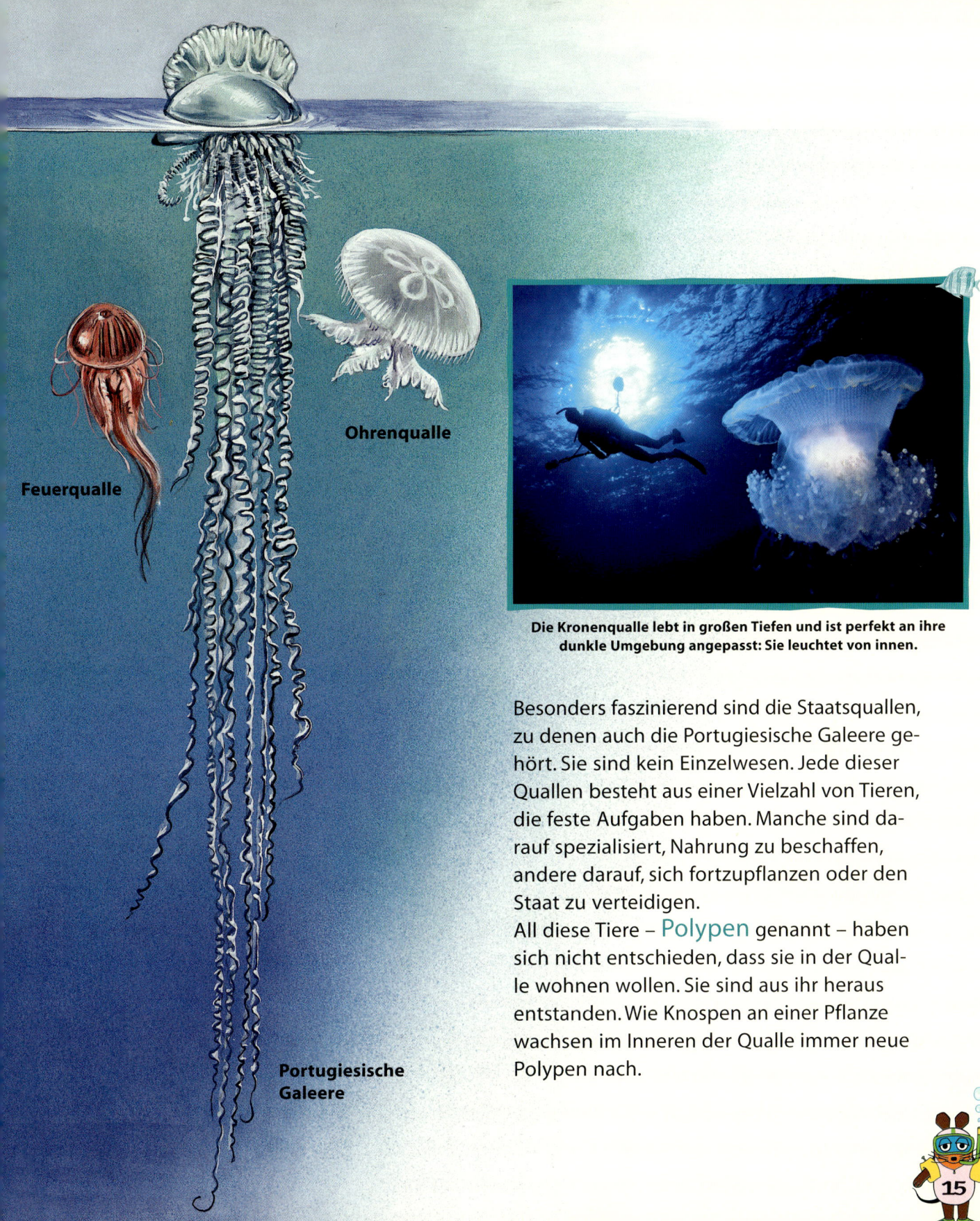

Feuerqualle

Ohrenqualle

Portugiesische Galeere

Die Kronenqualle lebt in großen Tiefen und ist perfekt an ihre dunkle Umgebung angepasst: Sie leuchtet von innen.

Besonders faszinierend sind die Staatsquallen, zu denen auch die Portugiesische Galeere gehört. Sie sind kein Einzelwesen. Jede dieser Quallen besteht aus einer Vielzahl von Tieren, die feste Aufgaben haben. Manche sind darauf spezialisiert, Nahrung zu beschaffen, andere darauf, sich fortzupflanzen oder den Staat zu verteidigen.

All diese Tiere – Polypen genannt – haben sich nicht entschieden, dass sie in der Qualle wohnen wollen. Sie sind aus ihr heraus entstanden. Wie Knospen an einer Pflanze wachsen im Inneren der Qualle immer neue Polypen nach.

Wohin verschwindet das Wasser, wenn Ebbe kommt?

Um diese Frage zu beantworten, setzt ihr euch am besten in die Badewanne. Dann bewegt ihr euch ein wenig auf und ab, sodass das Wasser vor- und zurückwogt.

So kann man sich Ebbe und Flut vorstellen – wie eine einzige, flache Welle. Das Wasser verschwindet nicht, sondern schwappt nur in Richtung offenes Meer. Ein paar Stunden später schwappt es zurück. Verantwortlich dafür ist der Mond. Seine Masse zieht das Wasser der Ozeane zu sich hin. Der Teil der Erde, über der sich der Mond gerade befindet, erlebt eine Flut, ebenso die genau gegenüberliegende Seite. Der Rest der Welt hat Ebbe. Da die Erde sich in 24 Stunden einmal um sich selbst dreht, wechseln sich Ebbe und Flut (die sogenannten Gezeiten) etwa alle sechs Stunden ab.

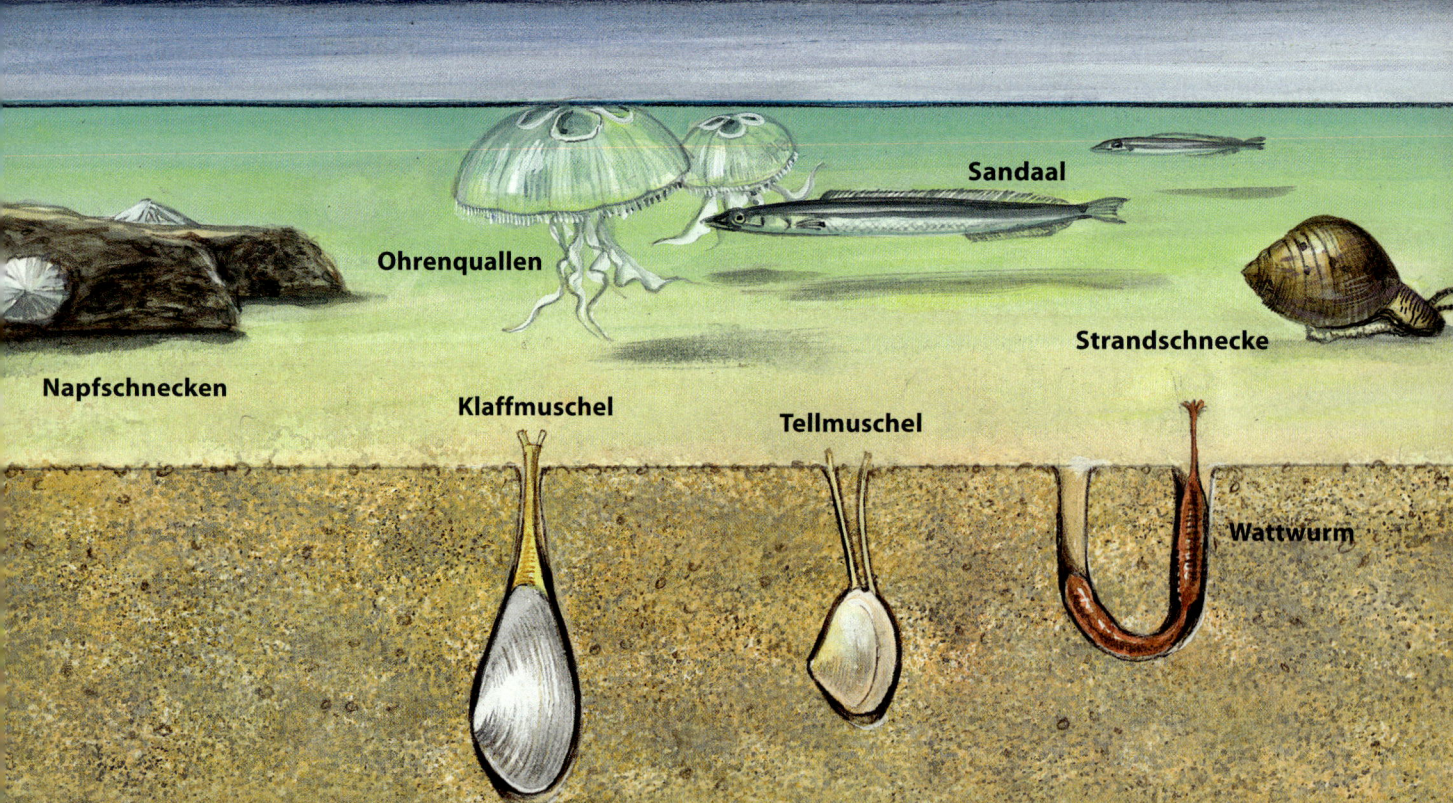

Ohrenquallen

Sandaal

Strandschnecke

Napfschnecken

Klaffmuschel

Tellmuschel

Wattwurm

Seestern

Miesmuscheln

Für Meerestier

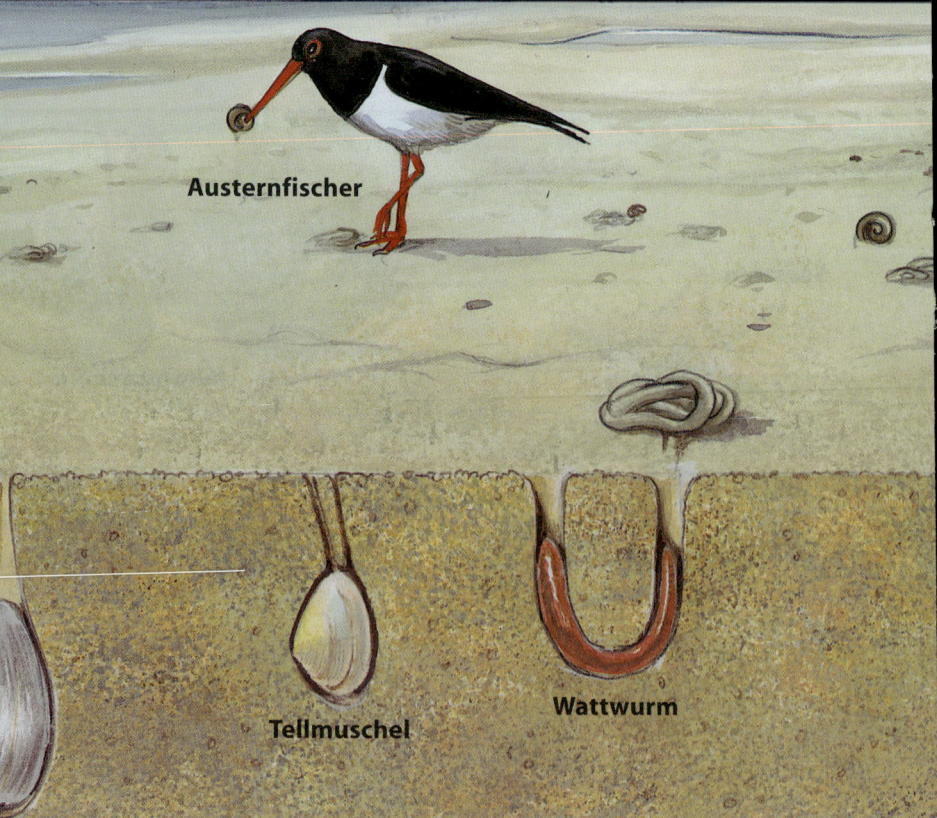

Austernfischer

Tellmuschel

Wattwurm

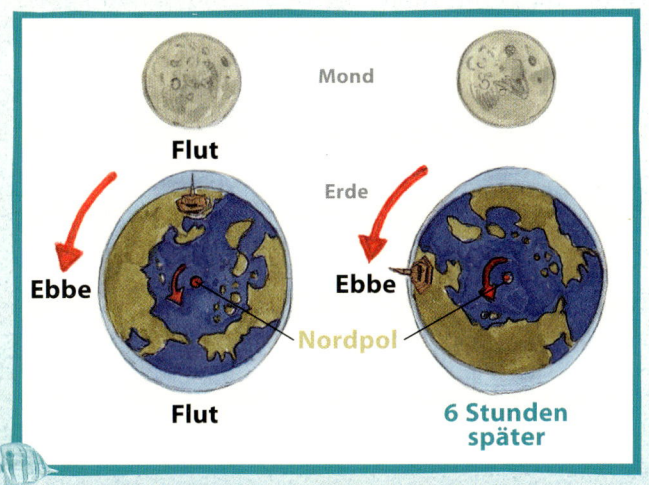

Mond

Flut

Erde

Ebbe

Ebbe

Nordpol

Flut

6 Stunden später

Warum aber haben manche Meere Ebbe und Flut und andere scheinbar nicht? Ganz einfach: In Ozeanen wie dem Atlantik können sich gigantische Wassermassen hin- und herbewegen. An ihren Küsten beträgt der Unterschied zwischen Ebbe und Flut (den man Tidenhub nennt) mehrere Meter. Das Mittelmeer oder die Ostsee sind im Vergleich dazu winzig. Hier kann einfach nicht so viel schwappen!

Ein paar Tiere haben gelernt, mit diesen Bedingungen umzugehen. Miesmuscheln und Napfschnecken heften sich an Felsen und schließen ihre Schalen, wenn das Wasser verschwindet. So verhindern sie, dass ihre Körper austrocknen. Klaffmuscheln und Tellmuscheln graben sich in den feuchten Sand ein und kommen nur bei Flut heraus.

Silbermöwe

Großer Brachvogel

Strandschnecke

Miesmuscheln

Herzmuschel

Dass unter dem Sand ein Wattwurm wohnt, erkennt ihr an den kleinen, spaghettiartig geformten Sandhäufchen, die bei Ebbe überall herumliegen. Der Wurm frisst nämlich Sand, verdaut winzige Pflanzenteile und scheidet den Rest wieder aus.

Warum passiert Clownfischen in der Anemone nichts?

Seeanemonen sehen aus wie Pflanzen, sind aber Tiere. Und ähnlich wie Quallen haben sie gefährliche Fangarme. Doch Clownfische und andere Arten von Anemonenfischen, die in tropischen Riffen leben, kuscheln förmlich zwischen den giftigen Armen. Ihr Geheimnis liegt in der Schleimschicht um ihre Körper.

Anemonenfische können das Gift der Anemone in ihre äußere Hautschicht aufnehmen. Wenn ein Clownfisch mit einer Seeanemone Bekanntschaft schließen will, schmiegt er sich zuerst vorsichtig an einzelne Tentakel. Dann streicht er mit Kopf und Bauch an ihnen entlang. Schließlich ist seine Haut an die Anemone angepasst und er kann völlig eintauchen in sein neues Heim.

Clownfisch

Falterfische gehören zu den wenigen Tieren, die Seeanemonen schmackhaft finden.

Anemone

Falterfisch

Seeanemonen können über hundert Jahre alt werden! Sie bieten also mehreren Generationen von Bewohnern Schutz. Denn Anemonenfische leben nur etwa zehn Jahre.

Für die Anemone ist der kleine Fisch nun wie ein Teil von ihr selbst. Ab sofort kann er in ihr wohnen, sogar in ihrem Inneren schlafen. Keiner seiner Feinde traut sich auch nur in die Nähe. Als Gegenleistung schützt der Clownfisch »seine« Anemone vor gefräßigen Falterfischen.

Außerdem wirken seine Ausscheidungen auf die Anemone wie ein Dünger. Bewohnte Anemonen wachsen schneller und leben länger.

Solche Partnerschaften, bei denen beide Seiten Vorteile haben, nennt man Symbiose. Ein anderes Beispiel dafür sind die Dienste von Putzerfischen und -garnelen. An bestimmten »Putzstationen« braucht ein Fisch nur bewegungslos zu warten und Flossen und Kiemen zu spreizen. Schon eilen Putzerfische herbei und fressen ihm Schädlinge und abgestorbene Hautzellen vom Leib. Dabei dürfen sie sogar ins offene Maul des »Kunden« schwimmen, ohne dass sie gefressen werden. Ist der Fisch fertig gereinigt, schwimmt er zufrieden weg. Auch die Putzerfische sind zufrieden – denn sie sind satt.

Ein kleiner gestreifter Putzerfisch bei der Arbeit

Warum stoßen Fische im Schwarm nie gegeneinander?

Das Meer ist eine ganz andere Umgebung als die, in der wir leben. Unter Wasser, wo man oft nicht weit sehen kann, reichen Augen und Ohren nicht aus. Deshalb haben Fische mehr Sinnesorgane entwickelt als wir. Eines davon ist das Seitenlinienorgan. Ihm ist es zu verdanken, dass es in Fischschwärmen nicht zu einem heillosen Durcheinander kommt.

Das Seitenlinienorgan besteht aus Sinneszellen entlang der Mittellinie des Körpers. Damit nimmt der Fisch wahr, wie stark das Wasser gegen seinen Körper drückt. Wenn sich ein anderes Tier nähert, verändert sich der Wasserdruck. Das spürt der Fisch sofort.

Durch dieses Organ schaffen Schwarmfische wie Heringe oder Sardellen es mühelos, die Gesetze des Schwarms zu befolgen.

Das wichtigste davon lautet: Bleib immer im gleichen Abstand zu deinem Nachbarn! Da jeder Fisch diese Regel befolgt, sehen die Bewegungen des Schwarms aus wie ein Tanz. Ein Leittier gibt es im Schwarm nicht. Jeder einzelne Hering kann derjenige sein, der es den anderen vormacht.

Natürlich hat es einen Sinn, warum Tausende von Heringen darauf achten, immer schön nah beieinander zu bleiben. Gemeinsam lebt es sich leichter. Da Schwarmfische sich zum Verwechseln ähnlich sehen, fällt es Raubfischen schwer, einen bestimmten davon als Beute auszuwählen und zu jagen. Die Fische sind ständig in Bewegung und verwirren den Feind. Dadurch hat das einzelne Tier im Schwarm eine höhere Überlebenschance.

Seitenlinienorgan

Unter kleinen Löchern in den Schuppen liegen die Sinneszellen.

20

Andere Fische, wie zum Beispiel Haie, sind Einzelgänger. Eine Gruppe, die sie schützt, brauchen diese Jäger nicht. Ihr Seitenlinienorgan ist besonders empfindlich, die Druckwellen verletzter, zappelnder Fische spüren Haie aus kilometerweiter Entfernung. Ihr Geruchssinn ist so gut, dass sie auch winzige Spuren von Blut im Wasser wittern.

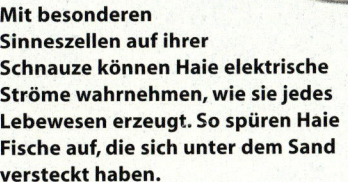

Mit besonderen Sinneszellen auf ihrer Schnauze können Haie elektrische Ströme wahrnehmen, wie sie jedes Lebewesen erzeugt. So spüren Haie Fische auf, die sich unter dem Sand versteckt haben.

21

Warum hört man in großen Muscheln das Meer rauschen?

In Muscheln – ihre Schalen sind flach und bestehen aus zwei Teilen – rauscht es überhaupt nicht. Dafür aber in den hohlen Gehäusen von Meeresschnecken. Das kann man sogar mit einem Mikrofon aufnehmen. Aber das Meer ist es nicht, was man hört!

Um herauszufinden, woher das geheimnisvolle Rauschen kommt, machen wir einen kleinen Versuch. Nehmt ein großes, leeres Glas und stülpt es euch über das Ohr. Wenn ihr das Glas etwas kippt, sodass es nach außen offen ist, hört ihr ein Rauschen.

Jakobsmuschel

Schwertmuschel

Steckmuschel

Pfeffermuschel

Kugelmuschel

Nabel-
schnecke

Kegelschnecke

Tigerporzellan-
schnecke

Venuskamm-
schnecke

Tritonshorn-
schnecke

Setzt ihr das Glas aber fest über das Ohr, wird es auf einmal viel stiller. Das Rauschen kommt also von außen – und es ist nicht nur in Schnecken zu hören.

Die Ursache für das Geräusch ist, dass sich in einem Glas oder Schneckenhaus ein mit Luft gefüllter Hohlraum befindet. Geräusche bringen diese Luftsäule zum Schwingen. Das Rauschen besteht aus vielen sehr leisen Umgebungsgeräuschen, die wir normalerweise überhören. Einen kleinen Teil macht auch das Rauschen des Blutes in unserem Ohr aus. Der Hohlraum verstärkt all diese Töne.

Die bis zu 30 Zentimeter große Tritonshornschnecke ist für ihr schönes Rauschen berühmt. Leider ist sie selten geworden, weil zu viele Leute sie gesammelt und verkauft haben.

Sehr begehrt sind auch manche Muscheln, zum Beispiel Perlaustern. Früher wurden sie mühevoll von Tauchern auf dem Meeresboden gesammelt. Doch nur eine von mehreren Hundert Austern enthielt eine brauchbare Perle.

Fast alle Perlen, die ihr heute in Schmuckstücken seht, sind künstlich entstanden. Diese Zuchtperlen sehen nicht viel anders aus als natürliche Perlen. Sie bilden sich, wenn man ein Kügelchen in den Mantel (die Hautfalte unter der Schale) einer Perlauster einführt. Die Auster versucht, den Eindringling unschädlich zu machen, indem sie ihn mit Perlmutt umhüllt. Dem gleichen Material, aus dem auch das Innere ihrer Schale besteht.

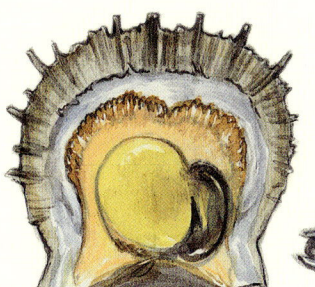

Ein Kügelchen wird in den Mantel der Perlauster eingeführt.

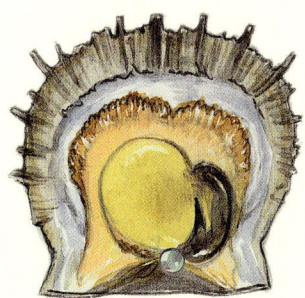

Nach zwei bis sechs Jahren ist aus dem Kügelchen eine fertige Perle geworden.

Sind Fische wirklich stumm?

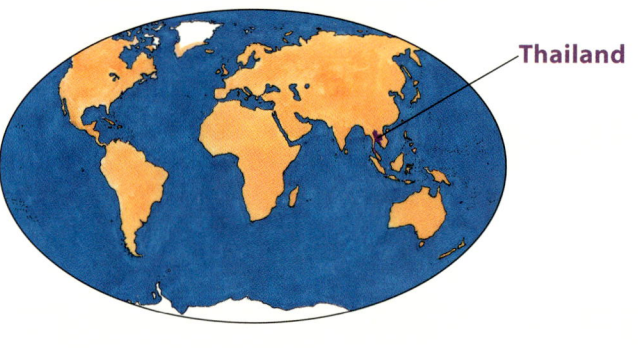

Thailand

Um diese Frage zu beantworten, sind wir mit einem Boot zu einem Riff an der Küste von Thailand gefahren.

An einer Stelle mit vielen Fischen haben wir den Motor abgestellt und ein Unterwassermikrofon ins Wasser gehängt. Und siehe da: Unter Wasser herrscht ein ganz schöner Krach! Denn viele Fische können Laute von sich geben.

Süßlippen

Clownfische

Demoiselle

Was sind Korallen und wie entsteht ein Riff?

uf den ersten Blick sieht eine Koralle aus wie eine seltsam geformte, bunte Pflanze. Doch in Wirklichkeit ist sie ein Wesen aus Tausenden von winzigen Korallenpolypen (also Tieren), die in ihrem Inneren kleine Algen (also Pflanzen) beherbergen.

Diese Polypen sehen aus wie kleine Seeanemonen. Tagsüber sieht man sie nicht, weil sie sich in ihr schützendes Skelett aus Kalk zurückziehen wie in ein Haus. Doch nachts strecken sie ihre Arme aus und angeln nach vorbeischwimmenden fressbaren Bröckchen.

Viele Korallen, die an einem Ort wachsen, bilden zusammen ein Riff – eine Art lebenden Wall. Hier wohnen Hunderte von Fischarten und anderen Meerestieren. Korallenriffe sind sozusagen unterseeische Städte. Nur dass sie Tausende von Kilometern lang werden können!

Koralle

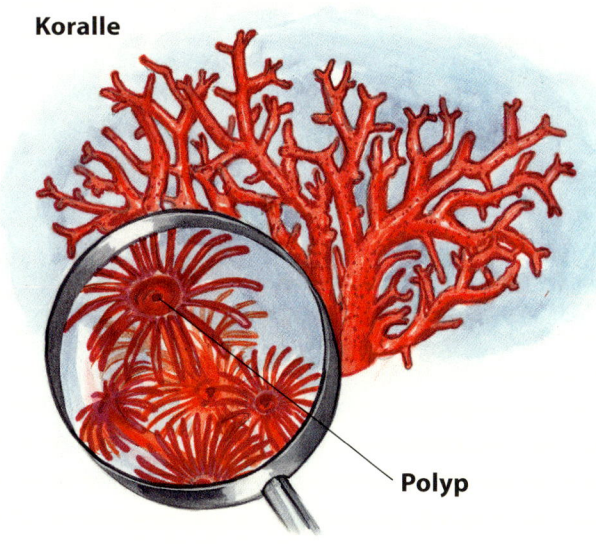

Polyp

Korallen wachsen nur in flachem Wasser. Das liegt daran, dass die Algen in ihrem Inneren Licht brauchen.

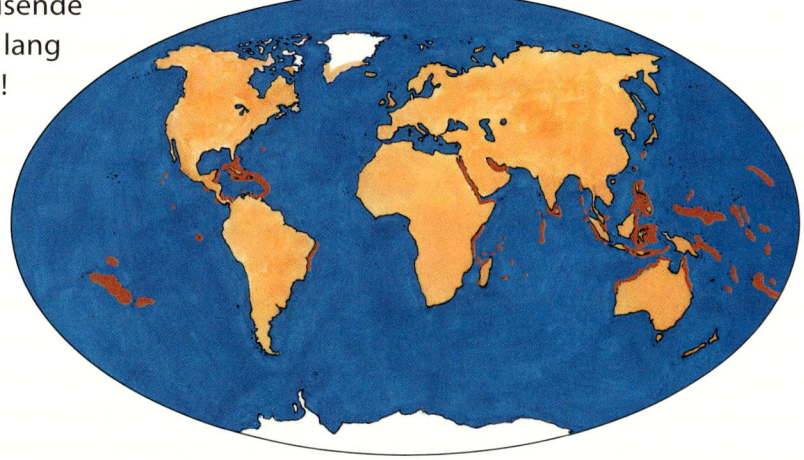

Korallen (rot gekennzeichnet) gibt es in warmen, flachen Meeren.

1 Plattenkoralle
2 Schwarzspitzen-Riffhai
3 Muräne
4 Röhrenschwamm
5 Blaupunkt-Stachelrochen
6 Karettschildkröte
7 Purpurfahnenbarsch
8 Seeanemone

9 Fächerkoralle

10 Hirnkoralle

11 Möwen

12 Wimpelfische

13 Paletten-Doktorfisch

14 Seestern

Nach und nach haben wir herausgefunden, wer am Riff unter uns welche Geräusche macht. Das schweineartige Grunzen stammt von einem kleinen Schwarm Süßlippen. Die Klopflaute macht ein Clownfisch, der »seine« Anemone erbittert gegen einen Eindringling verteidigte. Und das Zirpen kommt von zwei Demoisellen beim Paarungstanz.

Bootsmannfisch

Fische schaffen es auf unterschiedliche Art, Töne hervorzubringen. Süßlippen reiben die Zähne aufeinander. Der Clownfisch klappert mit den festen Deckeln, die seine Kiemen schützen (die Organe, mit denen er atmet). Die Demoisellen benutzen für ihre Geräusche die Schwimmblase in ihrem Körper. Normalerweise brauchen sie sie, um sich beim Schwimmen im Gleichgewicht zu halten. Doch mit speziellen Muskeln können sie auf der Schwimmblase auch herumtrommeln oder sie vibrieren lassen.

Der Bootsmannfisch, der im Pazifik vor Kalifornien lebt, ist in dieser Art des Krach-machens besonders gut. In der Paarungszeit schwimmt er in flache Gewässer und brummt dort so laut, dass sich Anwohner der Küste über den Lärm beschweren. Er selbst schal-tet übrigens während seiner Gesänge buch-stäblich »auf taub«, um sein Gehör nicht zu schädigen.

Hauptsächlich verständigen sich Fische aber nicht mit Geräuschen, sondern durch Bewe-gungen und auch durch ihre Farbe. Sie füh-ren Paarungstänze auf oder drohen anderen Fischen durch die Art, wie sie schwimmen und mit den Flossen wedeln. Viele tropische Fische ändern ständig die Farbe – je nach Alter, Lebenssituation, Stimmung und dem, was sie gerade tun.

Doktorfische wie dieser hier wechseln in der Paarungszeit die Farbe, um anderen Doktorfischen mitzuteilen, dass sie einen Partner suchen.

Müssen Fische trinken?

Ja, allerdings! Obwohl sie ständig im Wasser schwimmen, müssen Meeresfische sogar darauf achten, nicht auszutrocknen. Sie müssen ständig Wasser schlucken und scheiden wenig Urin aus. Das Salz werden sie über ihre Kiemen los.

Bei Süßwasserfischen ist es umgekehrt: Sie müssen sich eher »entwässern«. Deshalb trinken sie kaum und pinkeln besonders viel. Der Grund dafür heißt Osmose. Was das ist, zeigt ein Experiment: Wir füllen einen zweigeteilten Behälter auf der einen Seite mit Leitungswasser und auf der anderen Seite mit Salzwasser. In der Zwischenwand, die die Flüssigkeiten trennt, sind viele winzige Löcher. Sie sind so klein, dass nur Wasserteilchen hindurchpassen, aber kein Salz.

Eigentlich müssten die Wasserteilchen in beide Richtungen durch die Trennwand dringen. Aber das passiert nicht. Das gewöhnliche Wasser wandert hinüber zum Salzwasser und verdünnt es immer weiter. Höher und höher steigt das Wasser auf der linken Seite des Behälters.

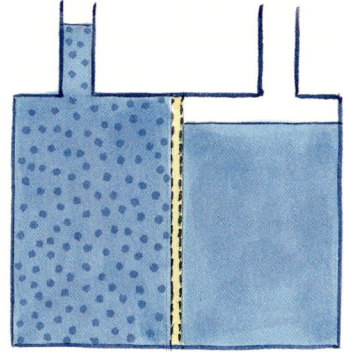

Das liegt daran, dass die Natur immer versucht, einen Ausgleich zu schaffen. Erst wenn beide Flüssigkeiten gleich viele Salze enthalten, ist das erreicht. Bei unserem Experiment kommt es allerdings nicht so weit.

In den Zellen (den kleinsten Bestandteilen) von Lebewesen passiert das Gleiche: Die Wände von Zellen lassen Flüssigkeit durch, aber kein Salz.

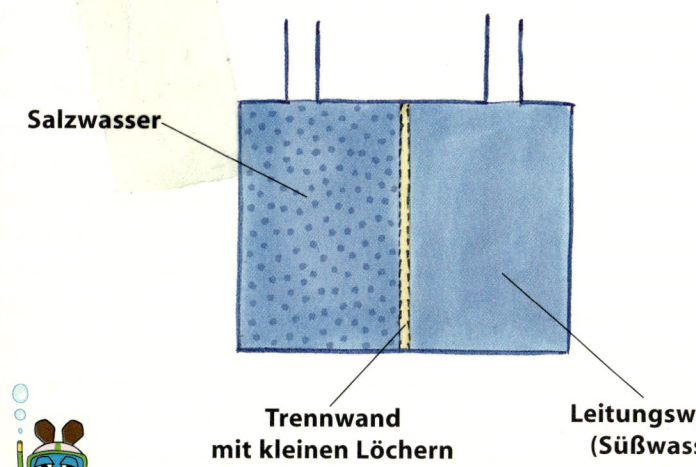

Salzwasser

**Trennwand
mit kleinen Löchern**

**Leitungswasser
(Süßwasser)**

Warum sind die Fische am Riff hübsch bunt, und die Fische in unseren Seen nicht? Ganz einfach: Im farbenprächtigen Riff sind bunte Fische prima getarnt!

15 Seeigel

16 Geweihkoralle

17 Papageifisch

18 Riesenmuschel

19 Juwelenzackenbarsch

20 Pelikane

21 Salatkoralle

Korallenriffe bieten vielen Tieren Nahrung. Mit seinem harten Schnabel nagt der Papageifisch an den Korallen und frisst die Polypen ab. Noch geschickter machen es Falter- und Pinzettfische. Mit ihren langen, schmalen Mäulern lutschen sie Korallenpolypen aus ihren Kalkhöhlen heraus.

Andere Fischarten ernähren sich von den vielen kleinen Krebsen, Krabben, Schnecken, Seeigeln und Muscheln, die am Riff wohnen. Dadurch gibt es auch für große Raubfische wie Haie reichlich Beute.

Ein Riff bietet Tieren auch einen sicheren Unterschlupf. Kraken und Muränen finden hier ideale Höhlen zum Wohnen. Schwärme von kleinen Fischen ziehen sich zwischen die Äste von Geweihkorallen zurück, um dort Schutz zu finden. Und Zackenbarsche lauern regungslos unter Überhängen auf Beute.

Auch für den Menschen sind Riffe wichtig. Viele Inseln werden durch diese lebenden Schutzwälle vor heftiger Brandung geschützt – so nennt man Wellen, die auf die Küste treffen.

Doch Korallen haben es nicht leicht. Vor allem macht ihnen zu schaffen, dass die Temperatur auf der Erde steigt. Nach und nach wird das Wasser wärmer, als es Korallen mögen.

Seit 1987 beobachten Biologen, dass immer wieder ganze Riffe ihre lebenswichtigen Algen ausstoßen. Dadurch sehen die Korallen nicht mehr bunt, sondern weiß aus. Deshalb nennt man das »Korallenbleiche«. Neuesten Forschungen nach kann das Riff solche Ereignisse überleben. Die Korallen passen sich an: Sie nehmen als neue Untermieter Algen auf, die mit höheren Temperaturen zurechtkommen.

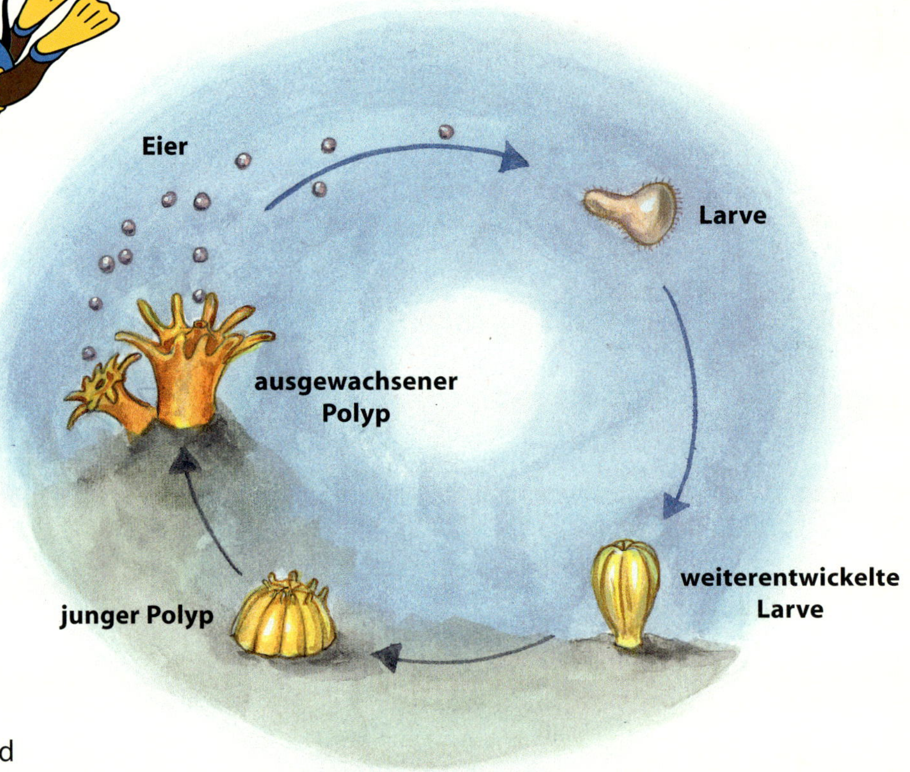

Eier

Larve

ausgewachsener Polyp

weiterentwickelte Larve

junger Polyp

Aus den Eiern, die die Koralle ausstößt, entwickeln sich erst Larven und dann neue Korallenpolypen.

Wie Pflanzen an Land nehmen sie Sonnenlicht und Kohlendioxid auf und machen daraus Sauerstoff und Zucker. Das nützt dem Polypen. Vom Zucker ernährt er sich und ohne den Sauerstoff könnte er nicht leben. Als Gegenleistung bekommen die Algen von »ihrem« Polypen Kohlendioxid und andere wichtige Stoffe.

Mehrmals im Jahr, meist kurz nach einer Vollmondnacht, geben die Kor allen Eier und Samen ans Wasser ab. Daraus entwickeln sich Larven. Wenn sie einen geeigneten felsigen Untergrund finden, setzen sie sich dort fest und werden zu einem Polypen. Jeder Polyp kann sich so oft teilen, bis aus einem einzigen winzigen Tier eine große Koralle entstanden ist.

Das Riff entsteht, weil Polypen Kalzium aus dem Meerwasser aufnehmen – einen wasserlöslichen Stoff – und daraus festen Kalk machen. Den lagern sie unter sich oder um sich herum ab. In Jahrzehnten, Jahrhunderten und Jahrtausenden wird das Riff dadurch immer breiter und höher, bis es bis dicht unter die Wasseroberfläche reicht.

Auch wenn ein Schiff untergeht, entsteht daraus ein Riff. Denn schon bald siedeln sich Tiere, Pflanzen und Korallen an dem Wrack an und überwuchern es.

Ist das Wasser um einen Fisch herum salziger als das Innere seines Körpers, verliert er durch Osmose Flüssigkeit. Das ist das Problem der Meeresfische und deswegen müssen sie viel trinken.

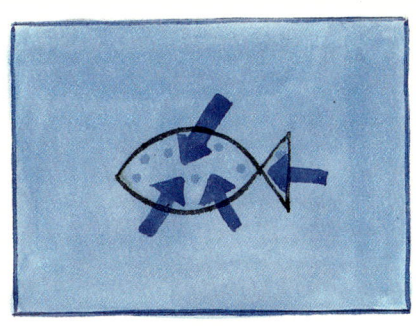

Der Süßwasserfisch nimmt durch Osmose Wasser auf.

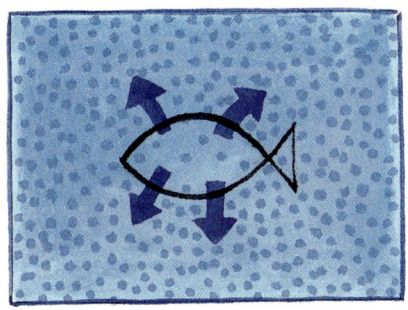

Der Meeresfisch gibt ständig Wasser an seine Umgebung ab.

Die Körper von Süßwasserfischen dagegen enthalten mehr Salze als das Wasser, das sie umgibt. Deshalb strömt ständig Wasser in ihre Zellen ein.

Manche Seevögel, zum Beispiel Möwen, haben übrigens spezielle Organe, über die sie das Salz loswerden können. Deshalb können Möwen Meerwasser trinken – viele andere Tiere vertragen das nicht.

Manche Meerestiere sind auf Süßwasser angewiesen, Seeschlangen zum Beispiel. Sie kennen einen Trick, wie sie mitten im Meer ihren Durst löschen können. Wenn es kräftig regnet, sammelt sich Süßwasser in einer dünnen Schicht auf der Meeresoberfläche. Für die Seeschlangen heißt es dann: Maul auf und losschlürfen!

Durch diese Löcher kommt das Salz wieder aus dem Körper der Möwe heraus.

Warum kann man unter Wasser nur mit einer Taucherbrille klar sehen?

Delfine können über und unter Wasser gleich gut sehen. Wir nicht – unsere Körper sind an ein Leben an der Luft angepasst. Das ist auch der Schlüssel dazu, warum wir unter Wasser eine Taucherbrille brauchen.

1 An der Luft funktioniert unser Auge prima. Seine durchsichtige, gewölbte Oberfläche, die Hornhaut, und die flache Linse bündeln die Lichtstrahlen so, dass im Inneren der Augen ein scharfes Bild entsteht, ein verkleinertes Abbild dessen, was wir sehen. Die Art, wie der Lichtstrahl dabei abgeknickt wird, nennt man Brechung.

2 Doch Wasser ist ein viel dichterer Stoff als Luft. Es ist fast so dicht wie die Hornhaut selbst. Dadurch kann das Auge das Licht kaum mehr brechen und bekommt kein scharfes Bild hin. Die Lichtstrahlen bündeln sich hinter der Netzhaut, so wie bei jemandem, der weitsichtig ist. Unter Wasser sehen wir also verschwommen.

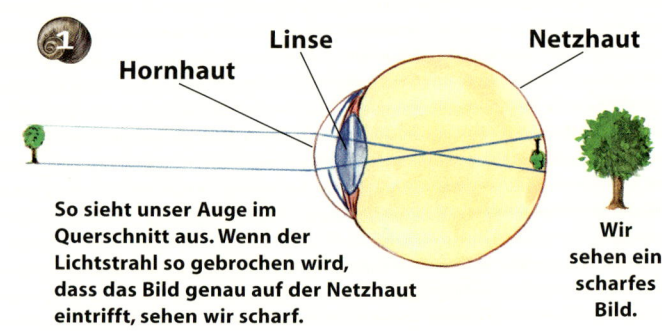

Hornhaut **Linse** **Netzhaut**

So sieht unser Auge im Querschnitt aus. Wenn der Lichtstrahl so gebrochen wird, dass das Bild genau auf der Netzhaut eintrifft, sehen wir scharf.

Wir sehen ein scharfes Bild.

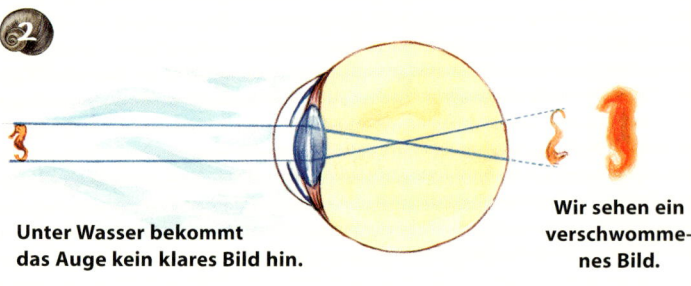

Unter Wasser bekommt das Auge kein klares Bild hin.

Wir sehen ein verschwommenes Bild.

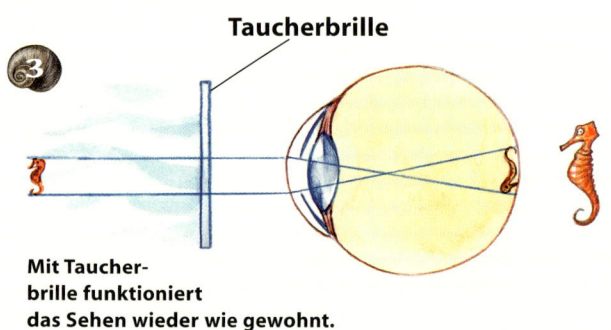

Taucherbrille

Mit Taucherbrille funktioniert das Sehen wieder wie gewohnt.

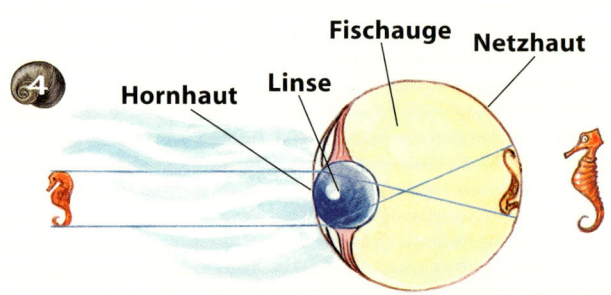

Fischauge **Netzhaut**
Hornhaut **Linse**

34

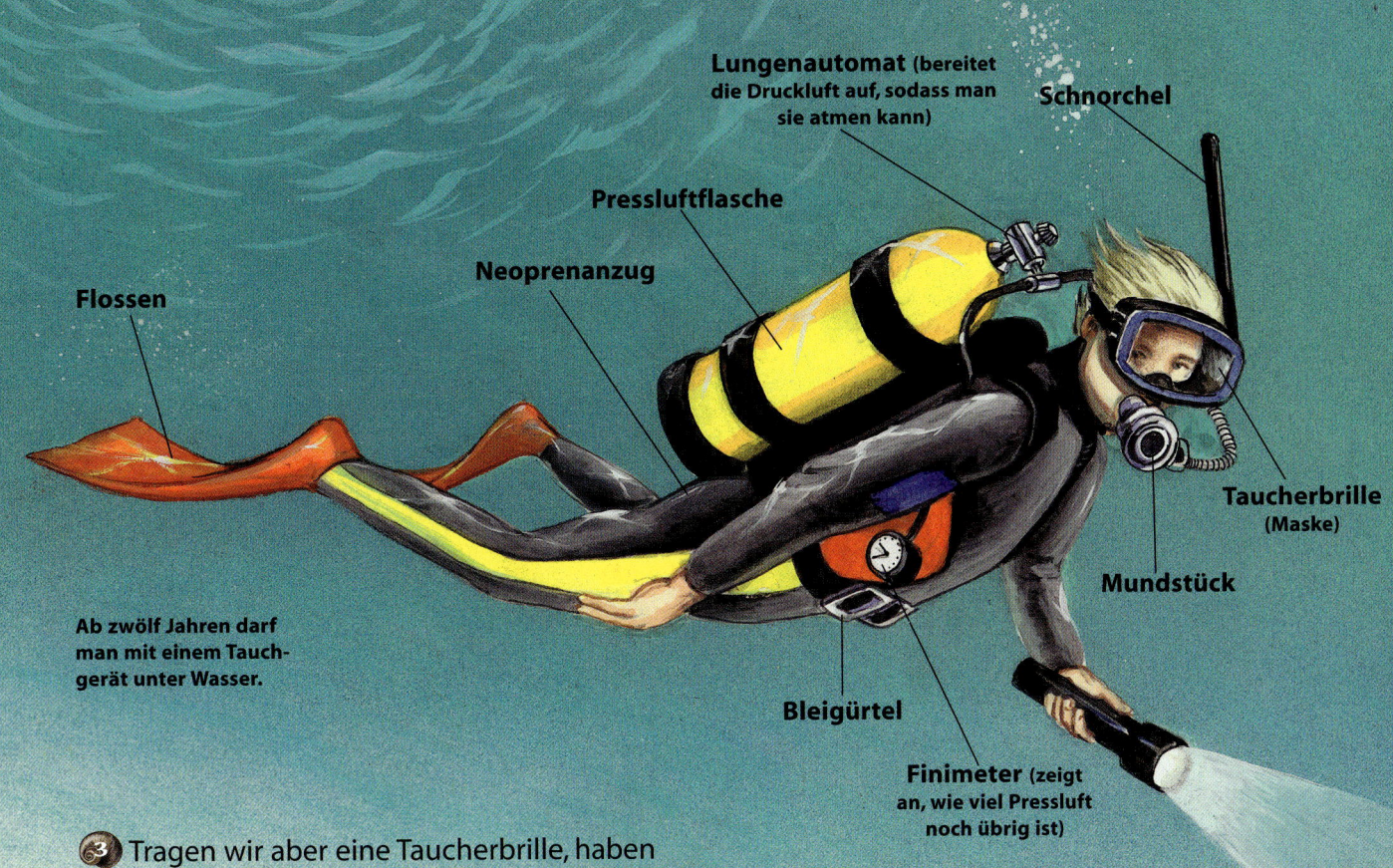

Lungenautomat (bereitet die Druckluft auf, sodass man sie atmen kann)

Schnorchel

Pressluftflasche

Neoprenanzug

Flossen

Ab zwölf Jahren darf man mit einem Tauchgerät unter Wasser.

Taucherbrille (Maske)

Mundstück

Bleigürtel

Finimeter (zeigt an, wie viel Pressluft noch übrig ist)

3 Tragen wir aber eine Taucherbrille, haben wir einen kleinen Luftraum vor den Augen. Das Auge findet also wieder gewohnte Bedingungen vor.

4 Der Fisch hat eine flachere Hornhaut als der Mensch, denn sie könnte das Licht im Wasser ohnehin kaum brechen. Das gleicht die kugelförmige Linse aus. Durch sie schafft es das Fischauge, das Licht unter Wasser richtig zu bündeln und scharf zu sehen.

Auch andere Hilfsmittel sind nützlich, um sich unter Wasser wohl zu fühlen. Mit Flossen an den Füßen kommen wir schneller voran. Durch einen Schnorchel können wir an der Wasseroberfläche atmen, ohne ständig den Kopf aus dem Wasser heben zu müssen.

Wer länger als ein paar Minuten unter Wasser bleiben will, braucht ein Tauchgerät mit Pressluftflasche. Damit kann man sich etwa eine Dreiviertelstunde lang wie ein Fisch unter Fischen fühlen. Sporttaucher tauchen normalerweise bis zu vierzig Meter tief. Mit spezieller Ausrüstung sind jedoch bis zu 200 Meter Tiefe möglich.

Seine Atemluft nimmt ein Taucher auf dem Rücken mit sich, in ein oder zwei Flaschen aus Stahl. Sie enthalten keinen reinen Sauerstoff, sondern ganz normale Luft. Um möglichst viel in die Flasche hineinzubekommen, wird die Luft stark zusammengepresst.

Wie funktioniert ein U-Boot?

Mit U-Booten experimentieren Forscher und Ingenieure schon seit 230 Jahren. Die allerersten Konstruktionen konnten nur wenige Meter tief tauchen, wurden mit Muskelkraft angetrieben und hatten Rümpfe aus Holz. Heute bestehen U-Boote (oder Tauchboote, wie man alle U-Boote nennt, die nicht dem Militär gehören) aus Stahl. Sie schaffen es bis in die Tiefsee.

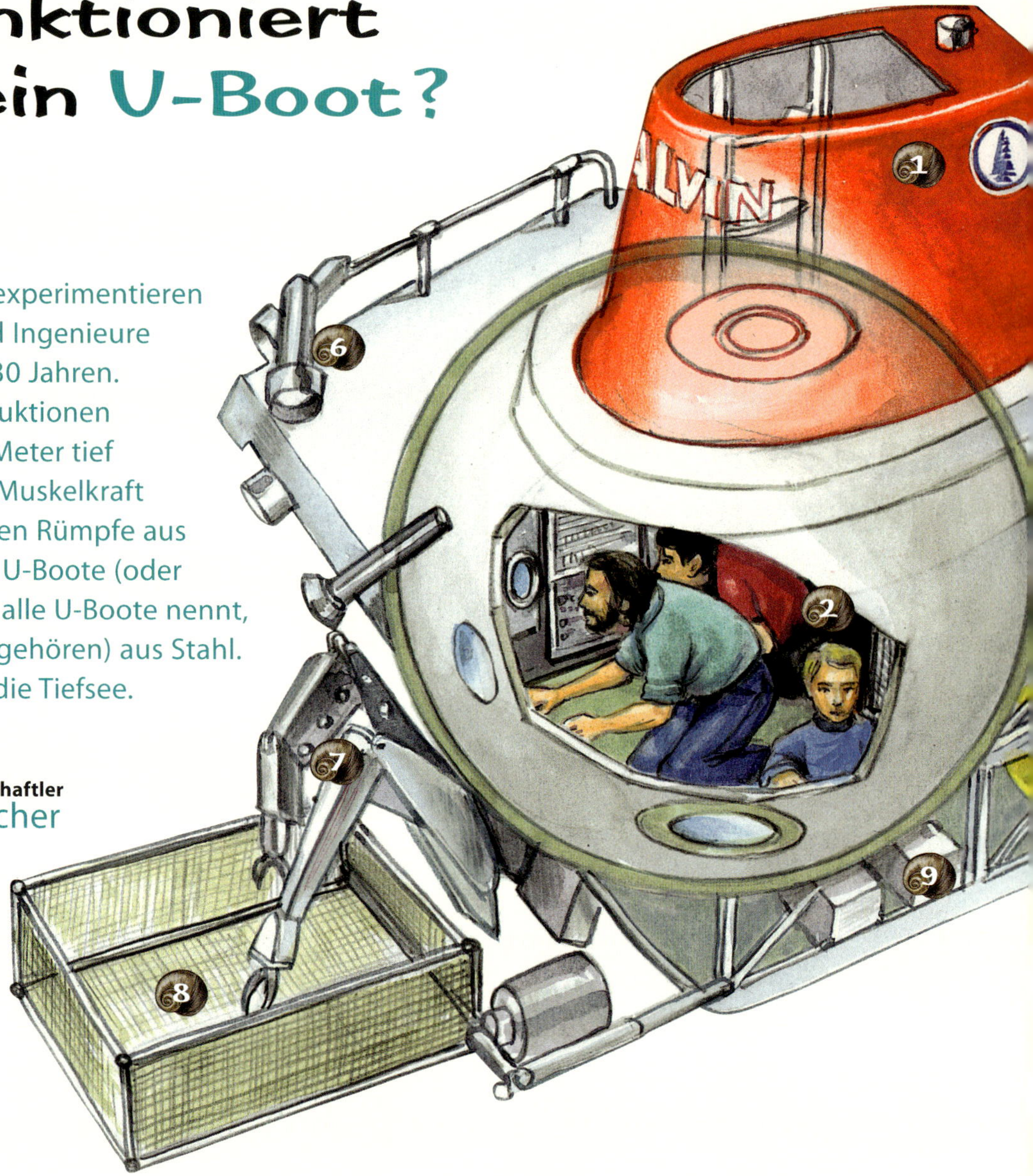

Mit der Alvin haben Wissenschaftler die Schwarzen Raucher in der Tiefsee entdeckt und zum ersten Mal das Wrack der Titanic erforscht.

Eins der berühmtesten Tauchboote ist die »Alvin«, die den USA gehört. Sie kann drei Personen in 4500 Meter Tiefe bringen. Und so funktioniert das: An Bord eines großen Mutterschiffs wird das Tauchboot zum Einsatzort gebracht. Zwei Forscher und der Pilot klettern durch die Einstiegsluke ❶ ins Innere.

Zum Abtauchen flutet die Alvin ihre Ballast-Tanks ③ mit Wasser, um schwerer zu werden. Langsam sinkt das Boot dem Meeresboden entgegen, den es nach etwa zwei Stunden erreicht. Dort kann es sich mithilfe kleiner Steuermotoren ④ nach vorne, oben, unten, rechts und links bewegen. Ihre Energie bekommen die Motoren aus Akkus ⑤ im Rumpf.

Da es in der Tiefsee stockfinster ist, hat die Alvin starke Lampen ⑥ an Bord. Mit den beiden Greifarmen ⑦ können die Forscher Proben von Pflanzen oder Gestein nehmen und in den Sammelkorb ⑧ tun. Vier Videokameras zeichnen alles auf, was um das Boot herum vor sich geht.

Dann wird die Alvin von einem Kran ins Wasser gehoben. Die Kabine ②, in der die Menschen sitzen, ist eine Kugel aus fünf Zentimeter dickem Titan (einem besonders harten Metall). Sie hat drei kleine runde Fenster, die dem Druck der Tiefe standhalten können.

Nach vier Stunden am Meeresboden muss die Alvin wieder auftauchen. Dafür wirft der Pilot unter dem Rumpf befestigte Stahlklötze ⑨ ab. Das Wasser wird wieder aus den Ballasttanks hinausgepumpt. Jetzt ist das Tauchboot so leicht, dass es an die Oberfläche zurückschwebt.

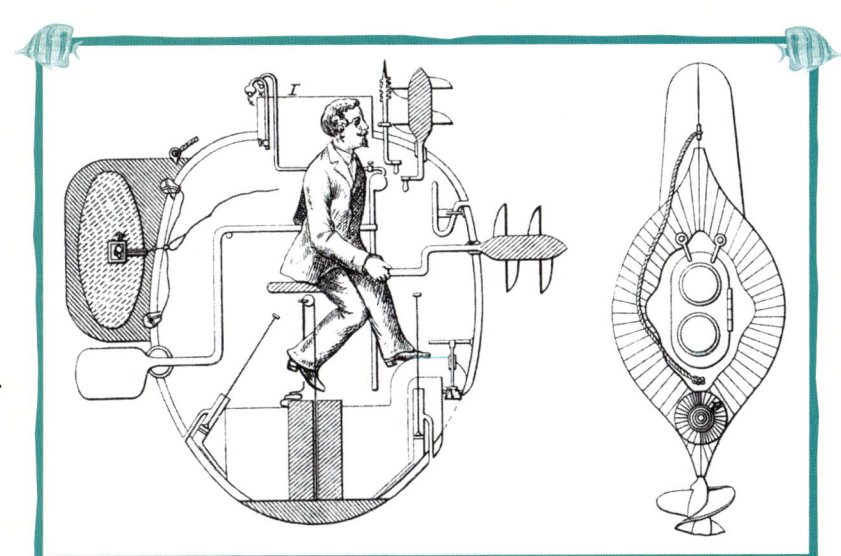

Dieses frühe U-Boot baute David Bushnell im Jahr 1776. Es ist einmal im Querschnitt und einmal von oben zu sehen.

Wie sieht es in der Tiefsee aus?

In die obersten fünfzig Meter des Meeres dringt Sonnenlicht. Hier können Pflanzen und Korallen wachsen. Darunter beginnt die Zone des Dämmerlichts. Ab 750 Meter ist es nicht nur stockdunkel und eisig kalt, es herrscht auch ein enormer Wasserdruck. In 5000 Metern Tiefe ist er zweihundertmal höher als in einem Autoreifen!

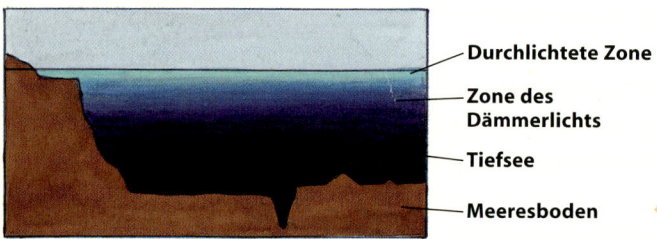

Durchlichtete Zone
Zone des Dämmerlichts
Tiefsee
Meeresboden

Bei Expeditionen mit Tauchbooten fanden Forscher dort unten Dutzende von eigenartigen Wesen. Viele von ihnen leuchten geisterhaft. Sie können ihr eigenes Licht erzeugen.

Dem Anglerfisch ① zum Beispiel wächst eine kleine Laterne aus dem Kopf. Er benutzt sie, um Beute anzulocken. Schwimmt eine Tiefseegarnele auf das Licht zu, kommt sie direkt vor dem Maul des Anglerfischs vorbei. Nun braucht er nur noch »haps!« zu machen.

Noch viele andere seltsame Tiere leben hier: die augenlose Asselspinne ② zum Beispiel. Der scheinbar nur aus Maul und Magen bestehende Sackaal ③. Auf ihren Flossen »stehende« Stelzenfische ④. Und der Blitzlichtfisch ⑤, der die leuchtenden Flecken unter seinen Augen buchstäblich an- und ausknipsen kann. Auch der mehr als 15 Meter lange Riesenkalmar ⑥ ist hier daheim.

All diese Tiere haben sich an die extreme Welt der Tiefe angepasst. Überleben können sie nur, weil aus oberen Meeresschichten ständig tote Tiere und Pflanzen hinuntersinken. Auf diesen Resten siedeln sich Bakterien an, die Nahrung für viele Tiere bieten. Sie wiederum sind Beute für Raubfische.

Besonders viel los ist in der Tiefsee dort, wo aus dem Erdinneren heißes Wasser empordringt. Um diese sogenannten »Schwarzen Raucher« ⑦ siedeln sich besondere Arten von Muscheln, Krebsen und Röhrenwürmern ⑧ an.

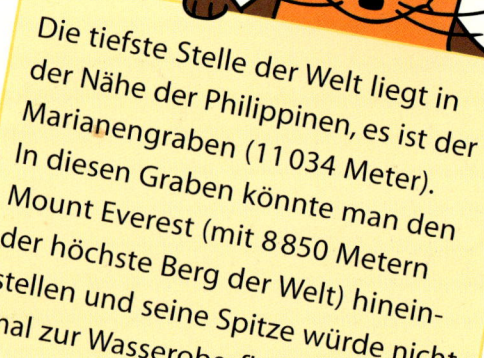

Die tiefste Stelle der Welt liegt in der Nähe der Philippinen, es ist der Marianengraben (11 034 Meter). In diesen Graben könnte man den Mount Everest (mit 8850 Metern der höchste Berg der Welt) hineinstellen und seine Spitze würde nicht mal zur Wasseroberfläche reichen!

Wie können Fische
unter Wasser atmen?

Fische brauchen Sauerstoff zum Leben, genau wie Menschen und alle anderen Tiere. Doch sie holen ihn sich nicht aus der Luft, sondern aus dem Wasser. Dafür haben sie ihre Kiemen.

Die Kiemen befinden sich hinter dem Maul und sind durch einen beweglichen Deckel geschützt. Sie bestehen aus mehreren Bögen, die dicht an dicht mit feinen, stark durchbluteten Blättchen besetzt sind.

Beim Schwimmen lässt der Fisch Wasser durchs Maul strömen und pumpt es durch die Kiemen wieder hinaus. Dabei geht der Sauerstoff aus dem Wasser ins Blut über und gleichzeitig wird der Fisch Kohlendioxid los (das Gas, das Lebewesen über die Lunge ausatmen).

1 **Brustflosse**
2 **Rückenflosse**
3 **Schwanzflosse**
4 **Seitenlinienorgan**
5 **Kiemendeckel**

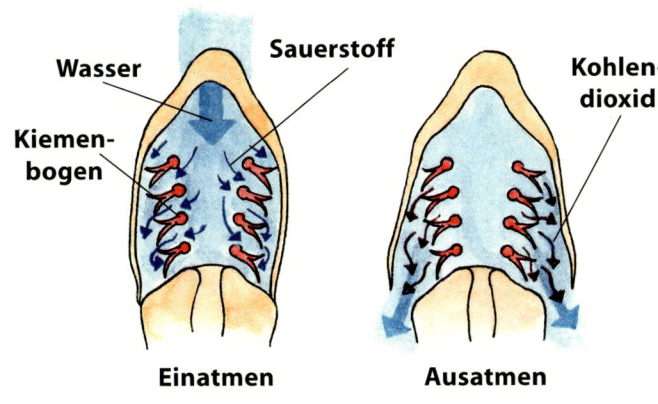

Wasser **Sauerstoff** **Kohlen-dioxid**

Kiemen-bogen

Einatmen **Ausatmen**

Nicht nur Fische haben Kiemen, sondern auch Muscheln, Tintenfische und fast alle anderen Meereslebewesen. Nur Wale, Delfine und Robben haben Lungen wie wir und müssen zum Atmen an die Oberfläche kommen.

Das Atmen unter Wasser funktioniert meistens prima, denn Algen geben tagsüber Sauerstoff ins Wasser ab. Auch an der Oberfläche löst

sich ständig Sauerstoff aus der Luft in das Wasser – je stärker die Strömung, desto mehr.

Ein Problem mit dem Atmen haben Fische nur, wenn das Wasser wärmer wird, als sie es gewohnt sind. Denn in warmem Wasser ist deutlich weniger Sauerstoff enthalten als in kaltem. Auch wenn das Wasser dreckig ist und sich Bakterien darin stark vermehren, wird der Sauerstoff im Wasser weniger.

Damit Fische im Wasser bequem leben können, haben sie außer den Kiemen noch andere besondere Organe. Eines davon ist die Schwimmblase. Sie ist mit Gas gefüllt und hält den Fisch perfekt in der Schwebe. Sonst müsste er ständig dagegen ankämpfen, dass sein Körper nach unten sinkt.

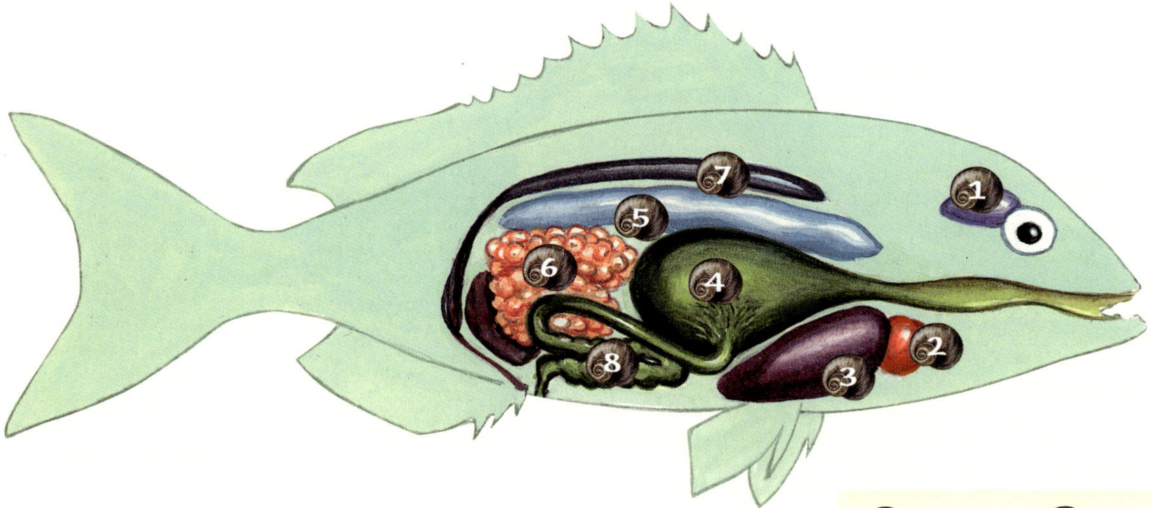

1 Gehirn	7 Niere
2 Herz	8 Darm
3 Leber	
4 Magen	
5 Schwimmblase	
6 Eierstock	

Wie viele Zähne hat ein Hai?

Das kommt ganz auf den Hai an! Ein Tigerhai benutzt etwa achtzig Zähne. Die größten Haie (Walhaie) haben zwar 4000 bis 6000 Zähnchen, vergießen aber nie Blut. Sie ernähren sich, indem sie winzige Lebewesen aus dem Wasser filtern.

Doch die meisten Haie bevorzugen größere Beute: Fische, Kraken und kleine Säugetiere. Ihr Gebiss ist dafür perfekt geeignet. Zahnschmerzen? Nie gehört! Sind einem Hai bei der Jagd ein paar Zähne abgebrochen, kommen sofort neue nach. Innerhalb weniger Stunden ist alles wieder ganz.

So funktioniert dieses sogenannte Revolvergebiss: Die Zähne eines Hais sind nicht fest im Kiefer verankert, sondern wachsen auf einer ledrigen Haut. In ihr bilden sich ständig neue Zähne und liegen eingeklappt bereit. Werden sie gebraucht, schieben sie sich nach vorne und richten sich auf. Ähnlich wie die Stufen einer Rolltreppe.

Haie gibt es schon seit der Zeit der Dinosaurier, sie bevölkern alle Ozeane. Die meisten von ihnen leben in warmen Meeren, aber einige Arten fühlen sich sogar in Eiswasser oder in der Tiefsee wohl.

Von den 370 Haiarten können nur etwa 35 dem Menschen gefährlich werden. Besonders berüchtigt ist der Weiße Hai, der so lang werden kann wie zwei Autos hintereinander. Er frisst am liebsten Robben. Menschen schmecken ihm nicht besonders. Doch von unten sieht ein Mensch im Taucheranzug oder auf einem Surfbrett ähnlich aus wie eine schwimmende Robbe – manchmal kommt es dadurch zu schlimmen Verwechslungen!

Doch auch ein gewöhnlicher Grauer Riffhai kann gefährlich werden. Wenn jemand in sein Revier eindringt, krümmt er sich wütend. Man nennt das Drohhaltung. Verschwindet der Eindringling nach dieser Warnung nicht, riskiert er, gebissen zu werden.

Im Gebiss dieses Hais kann man drei Zahnreihen erkennen. Dahinter liegen eingeklappt noch weitere.

Haie jagen am liebsten in der Dämmerung und nachts. Bei schwachem Licht sehen sie hervorragend. Ihre Augen haben – wie die von Katzen – eine besondere Schicht, die Licht zurückwirft. Deshalb heißt es nachts für alle Fische: aufpassen!

Walhai
Länge: 14 m

Weißer Hai
Länge: 7 m

Schwarzspitzen-Riffhai
Länge: 1,6 m

Tigerhai
Länge: 6 m

Engelshai
Länge: 1,5 m

Wie schlafen Delfine?

Stellt euch vor, ihr schwimmt im Meer und seid müde. Leider könnt ihr es euch nicht einfach auf dem Meeresboden gemütlich machen, weil ihr immer wieder zum Atmen hochmüsst. Euch einfach treiben zu lassen und die Augen zuzumachen, geht auch nicht. Denn dann könnte euch ein Hai überraschen. Genau in dieser Situation sind Delfine.

Sie haben eine erstaunliche Lösung dafür. Das Gehirn eines Delfins besteht – genau wie das eines Menschen – aus zwei Hälften. Während wir jedoch im Schlaf völlig »abschalten«, ruhen Delfine ihre Gehirnhälften abwechselnd aus. So können sie auch im Schlaf weiterschwimmen und ein Auge offen behalten.

Gehirn

Delfine sind die einzigen Tiere, von denen man weiß, dass sie sich Namen geben. Jeder Delfin hat einen unverwechselbaren Pfiff, mit dem er sich selbst bezeichnet und mit dem ihn andere rufen.

Von außen erkennt man nur mit etwas Übung, dass sie überhaupt ein Nickerchen machen. Sie ziehen dann ruhig durchs Wasser und atmen besonders regelmäßig. Wache Delfine dagegen jagen Fischen und Tintenfischen nach, springen übermütig und necken einander.

Hochseedelfine ziehen sich zum Schlafen gerne in eine geschützte Bucht zurück. Sie entspannen sich tagsüber. Nachts trifft man sie dort nicht, denn abends werden sie richtig munter und schwimmen zur Jagd hinaus ins tiefe Wasser. Die meisten anderen Delfine halten es dagegen ähnlich wie Menschen und schlafen nachts. Ob sie dabei träumen, hat leider noch niemand herausgefunden.

Ob wach oder schlafend, nur in der Gruppe fühlen sich Delfine wohl. Große Tümmler, die man in Küstengebieten antrifft, leben in Familiengruppen von drei bis zwanzig Mitgliedern. Hochseedelfine wie der Blau-Weiße-Delfin dagegen finden sich zu Hunderten, manchmal sogar zu Tausenden zusammen. So können sie bei der Jagd leichter große Fischschwärme einkreisen.

Blau-Weißer Delfin

Große Tümmler bei der Jagd auf einen Schwarm Fische

Delfine springen häufig – um Ausschau zu halten oder einfach zum Spaß.

Warum können Wale so lange tauchen?

Wale atmen nicht durchs Maul, sondern durch ihre Nase, das Blasloch.

Wale und Delfine sind keine Fische, sondern Säugetiere. Das heißt, sie müssen immer wieder zum Atmen an die Wasseroberfläche kommen. Aber sie sind Profis im Luftanhalten. Ein ungeübter Mensch schafft dreißig Sekunden – ein Pottwal eineinhalb Stunden! Dabei taucht er über 2000 Meter tief. Es gibt mehrere Gründe, warum er das kann.

1. Wenn wir ein- und ausatmen, tauschen wir nur einen kleinen Teil der Luft in unseren Lungen aus. Ein Wal kann bei jedem Atemzug durch sein Blasloch sehr viel mehr Frischluft aufnehmen. So gewinnt er schnell einen großen Vorrat an Sauerstoff, dem Gas, das alle Säugetiere zum Leben brauchen.

2. Er kann diesen Vorrat in seinem Blut und seinen Muskeln durch mehrere besondere Eigenschaften auch viel besser speichern als ein Tier, das an Land lebt. Zum Beispiel besitzt er viel mehr rote Blutkörperchen. Das sind die Zellen im Blut, die den Sauerstoff transportieren.

3. Wenn Wale oder Delfine tief und lange tauchen, können sie ihren Körper außerdem auf »Sparflamme« setzen. Ihr Herzschlag wird langsamer. Nur noch die unentbehrlichen Körperteile wie Herz und Gehirn werden mit Sauerstoff versorgt.

Nicht alle Wale haben es nötig, sehr lange und tief zu tauchen. Bartenwale wie der Blauwal oder der Buckelwal ernähren sich von winzigen Krebsen, dem Krill, und kleinen Fischen. In der Nähe von solchen Schwärmen schwimmen sie mit weit geöffnetem Maul durchs Meer. Wenn sie das Maul schließen, filtern ihre Barten (große Hornplatten) alles Fressbare aus dem Wasser heraus. Da Krill nahe der Meeresoberfläche treibt, tauchen Buckelwale höchstens eine halbe Stunde.

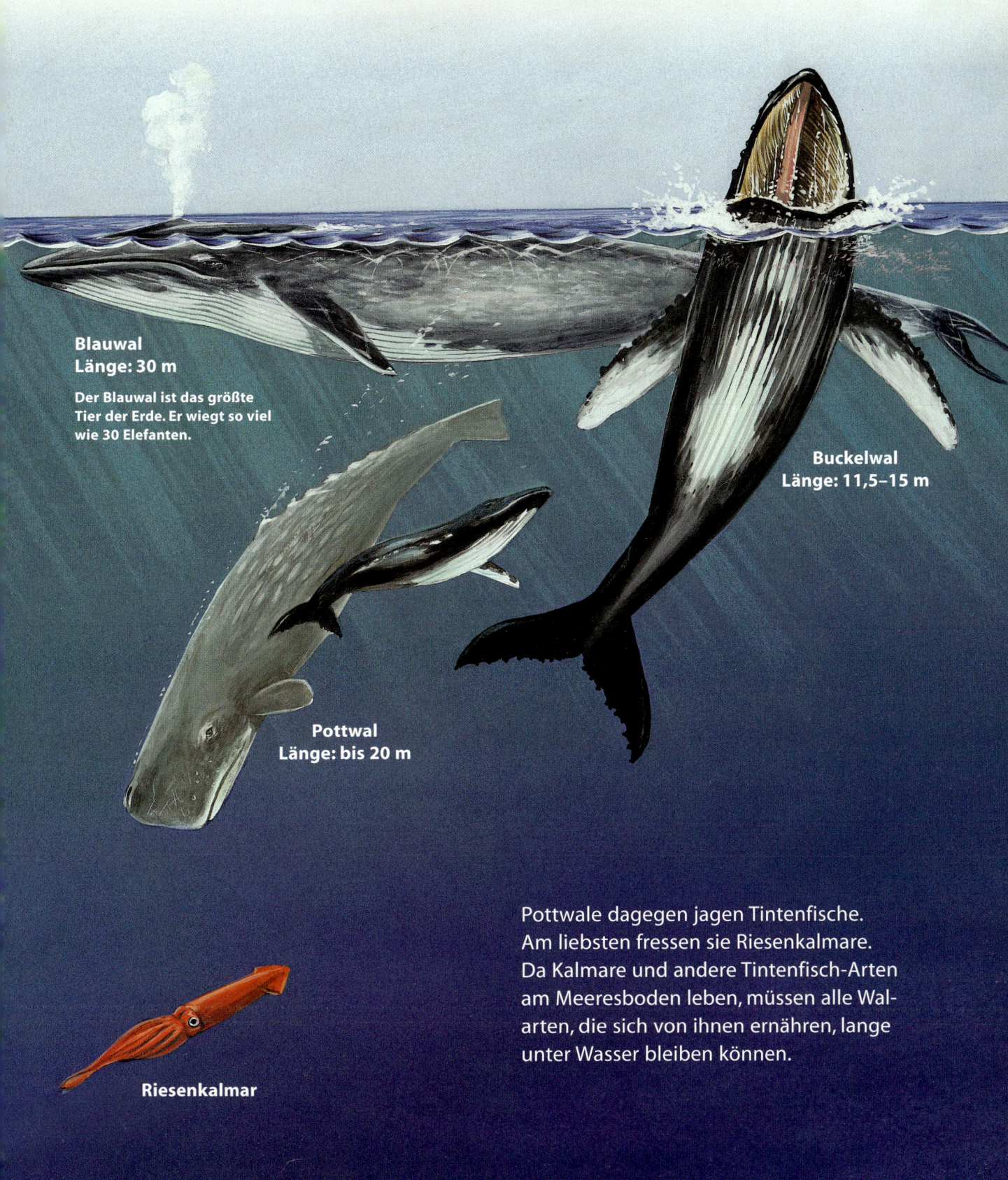

Blauwal
Länge: 30 m

Der Blauwal ist das größte
Tier der Erde. Er wiegt so viel
wie 30 Elefanten.

Buckelwal
Länge: 11,5–15 m

Pottwal
Länge: bis 20 m

Riesenkalmar

Pottwale dagegen jagen Tintenfische.
Am liebsten fressen sie Riesenkalmare.
Da Kalmare und andere Tintenfisch-Arten
am Meeresboden leben, müssen alle Wal-
arten, die sich von ihnen ernähren, lange
unter Wasser bleiben können.

Was ist der Unterschied zwischen Meer und Ozean?

Ganz einfach: Ozeane sind ein ganzes Stück größer. Fünf von ihnen gibt es auf unserem Planeten. Allein der Pazifische Ozean (Pazifik) bedeckt mehr als ein Drittel der Erdoberfläche. Als »Meere« bezeichnet man die 54 kleineren Teilbereiche dieser gewaltigen Wasserflächen. Wenn man einen Blick auf die Karte wirft, sieht man, dass viele Meere von Land eingerahmt werden.

Die drei größten Ozeane sind der Atlantik zwischen Europa und Amerika, der Pazifik zwischen Amerika und Asien sowie der Indische Ozean (Indik). Um den Südpol herum erstreckt sich der Südliche Ozean, um den Nordpol der Arktische Ozean. All diese Wasserflächen sind miteinander verbunden.

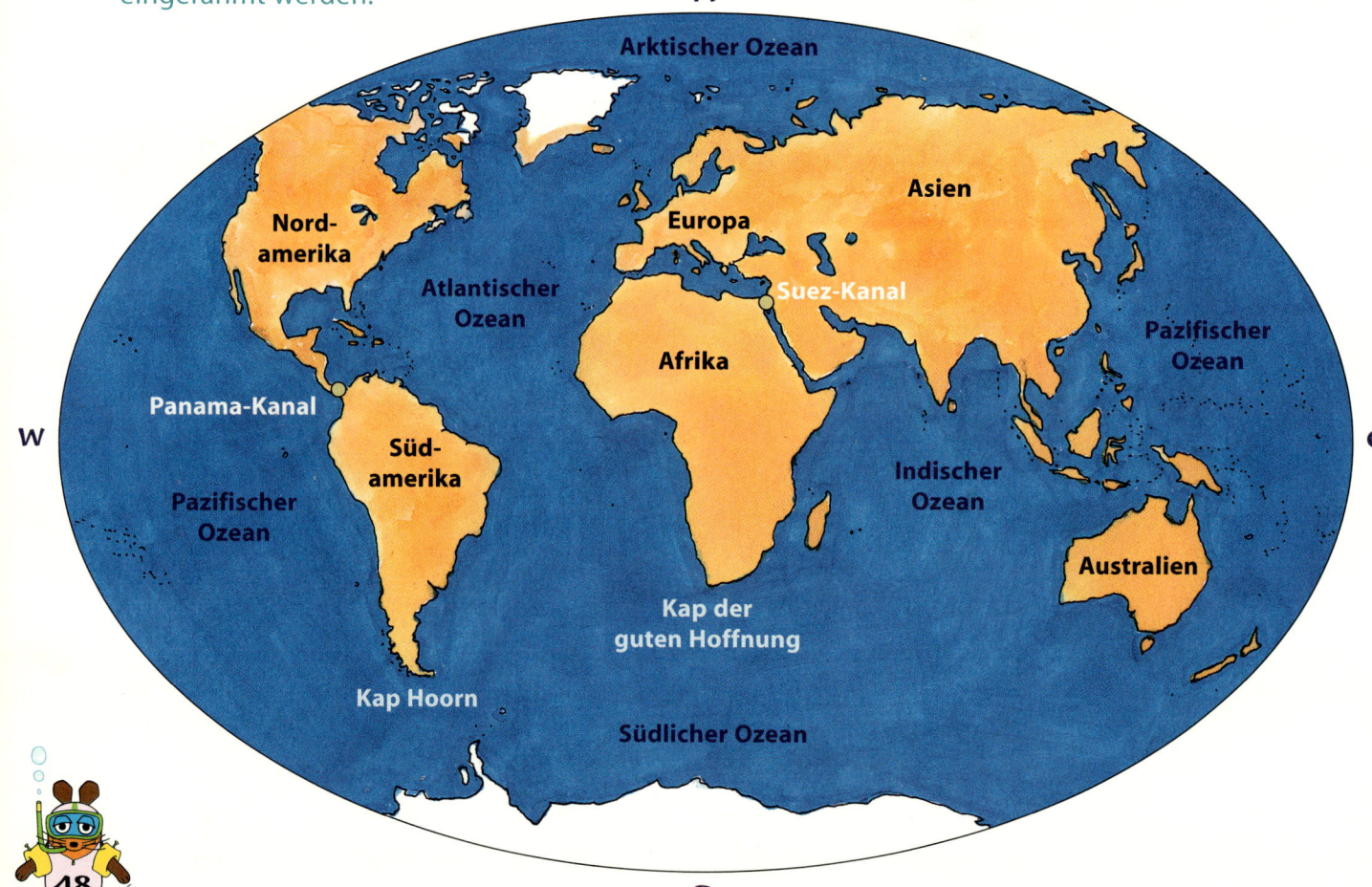

N

Arktischer Ozean

Nord-amerika

Europa

Asien

Atlantischer Ozean

Suez-Kanal

Afrika

Pazifischer Ozean

Panama-Kanal

W

Süd-amerika

Indischer Ozean

O

Pazifischer Ozean

Australien

Kap der guten Hoffnung

Kap Hoorn

Südlicher Ozean

S

Rund um die Welt zu laufen geht nicht, dabei würde man nasse Füße bekommen – aber ein Schiff könnte locker rund um die Welt fahren. Die Kontinente machen nur ein Drittel der Oberfläche unseres Planeten aus, der ganze Rest ist Wasser!

Früher war es allerdings ganz schön umständlich, rund um die Welt zu segeln. Wer von Europa aus nach Westen wollte, dem standen Nord- und Südamerika im Weg. Alle Reisenden mussten ums berüchtigte Kap Hoorn fahren. Dort treffen kalte und wärmere Wassermassen aufeinander – mit dem Ergebnis, dass die meiste Zeit des Jahres heftige Stürme toben! Wer etwas nach Süden ausweichen will, der hat womöglich Pech und wird von einem Eisberg zerquetscht.

Auch der Seeweg von Europa nach Asien war lang und anstrengend, weil man um ganz Afrika herumfahren musste. Deswegen hat sich der Mensch Abkürzungen gegraben: den Panama-Kanal zwischen Nord- und Südamerika sowie den Suez-Kanal zwischen Afrika und der Arabischen Halbinsel.

Auch sonst ist das Reisen auf dem Meer viel bequemer geworden. Kolumbus brauchte im Jahr 1492 noch zwei Monate, um mit seinen kleinen Holzschiffen den Atlantik zu überqueren. Ein modernes Kreuzfahrtschiff schafft diese Strecke in vier Tagen.

Segelschiff bei der Umrundung von Kap Hoorn

Wie entstehen Wellen?

Der Schlüssel dazu ist der Wind. Herrscht Windstille, kann das Meer flach wie ein Spiegel daliegen. Doch wenn Wind über die Meeresoberfläche streicht, kräuselt sich das Wasser. Je stärker der Wind, desto höher die Wellen. Bei einem schweren Sturm können sie bis zu zwanzig Meter aufragen. So hoch wie ein fünfstöckiges Haus!

Wenn kein Kontinent im Weg ist, wandern kräftige Wellen über Tausende von Kilometern. So kann es passieren, dass in einer Gegend hohe Brandung herrscht, auch wenn dort kaum ein Lüftchen weht.

Doch es ist nicht das Wasser, das quer über den ganzen Ozean reist. Wellen bestehen aus Bewegung. Vielleicht habt ihr schon mal gesehen, wie Zuschauer in einem Sportstadion »La ola« machen. Es sieht aus, als würde eine Welle durch die Zuschauermenge laufen. »La ola« heißt auf Spanisch »die Welle«.

Dabei haben die Menschen ihren Platz nicht verlassen. Sie sind nur aufgesprungen und haben die Arme gehoben.

Die Bewegung der Wasserteilchen in der Nähe eines Strandes

So ähnlich funktioniert auch eine echte Welle. Nur die Bewegung pflanzt sich durchs Wasser fort. Die Wasserteilchen selbst bewegen sich unter der Welle im Kreis. Wenn die Welle sich einem Ufer nähert, bremst der Boden diese Kreisbewegung ab. Über Wasser seht ihr dann, wie die abgebremste Welle überkippt (»bricht«).

50

Eine große Welle, die in der Nähe des Ufers bricht

Eine besonders gefährliche Welle ist der Tsunami. Das Wort kommt aus dem Japanischen und bedeutet »große Hafenwelle«. Tsunamis entstehen bei unterseeischen Beben oder einem gigantischen Erdrutsch unter der Wasseroberfläche. Dabei wird enorm viel Energie frei. Sie macht sich wie eine normale Welle auf die Reise über den Ozean, nur viel schneller. Auf dem offenen Meer ist sie kaum einen Meter hoch. Meist bemerken Schiffe sie gar nicht. Doch sobald der Tsunami auf eine Küste trifft, bäumt sich die Welle bis zu 30 Meter hoch auf. Dann schlägt sie am Ufer alles kurz und klein.

51

Wem gehört das Meer?

Die Meere und Ozeane bergen viele Reichtümer. Könnte jeder sie ausbeuten, wie er wollte, dann sähe es für die Natur übel aus. Deshalb gibt es heute viele Regeln, wer die Meere wofür nutzen darf. Die meisten davon gelten aber nur für Berufsfischer. Niemand wird euch verhaften, wenn ihr irgendwo eine Angel ins Wasser hängt!

Das Meer um die Küste herum gehört dem jeweiligen Land. Diese sogenannten Hoheitsgewässer erstrecken sich zwölf Seemeilen (also 22 Kilometer) weit. Die zweite Zone reicht 200 Seemeilen (370 Kilometer) weit hinaus. Dieses Meeresgebiet gehört dem Staat nicht, aber er kann auch hier über die Fischerei und andere Nutzungen entscheiden. In Deutschland kontrollieren Polizei und Zoll diese beiden Zonen ständig mit Schiffen und Flugzeugen.

Auf den offenen Ozean hat kein Staat Anspruch. Damit hier niemand Unheil anrichtet, gibt es jedoch internationale Abmachungen und Verträge. Mit moderner Technik könnte der Mensch das Meer sehr schnell leer fischen. Es gibt heute schon viel weniger Fische als früher. Deshalb entscheiden Staaten und offizielle Organisationen jedes Jahr neu, wie viele Fische welcher Arten höchstens gefangen werden dürfen.

Diese Fangbeschränkungen auszuhandeln, ist immer ein großes Tauziehen. Viele Küstenbewohner leben vom Fischen – sie wollen möglichst viel fangen dürfen. Auf der anderen Seite setzen sich Ökologen dafür ein, das Gleichgewicht der Natur zu wahren. Wenn die Fischschwärme zu klein werden, um sich vermehren zu können, hat niemand etwas davon. Dann gehen auch die Fischer pleite.

Kiel

Lübeck ●

Solche hochmodernen Fangschiffe verarbeiten den Fisch direkt an Bord.

52

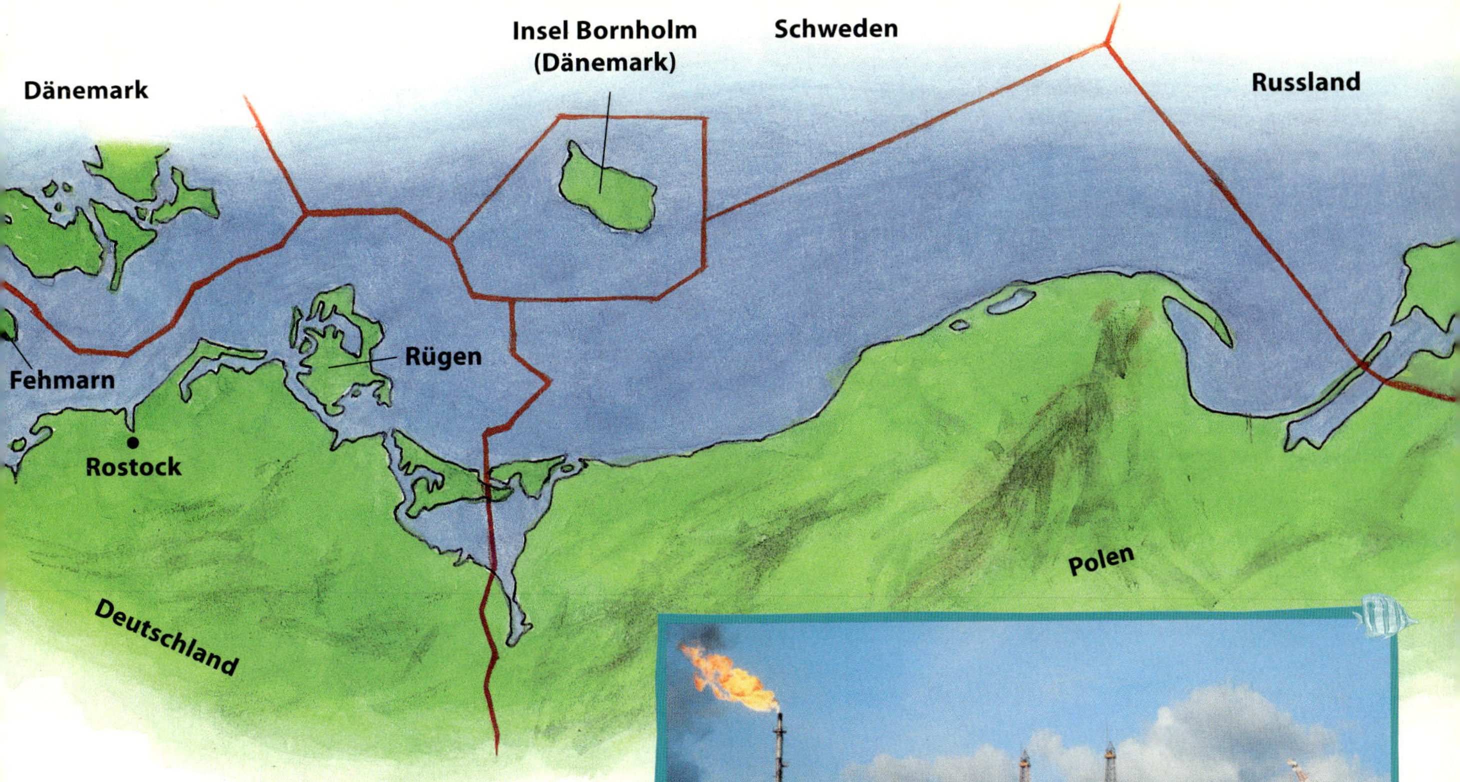

Dänemark

Insel Bornholm
(Dänemark)

Schweden

Russland

Fehmarn

Rügen

Rostock

Deutschland

Polen

Meerwasser enthält nicht nur Salz, sondern auch Gold. Und an den Stränden von Sri Lanka sind im Sand unzählige sand-korngroße Edelsteine. Nur hat bisher niemand geschafft, etwas daraus zu machen!

Besonders viele Ölfelder gibt es in der Nordsee. Dort stehen Bohrinseln wie diese hier.

Ein anderer wertvoller Rohstoff der Ozeane ist das Öl. Es ist aus Algen entstanden, die massenhaft abgestorben und auf den Meeres-boden gesunken sind. Nach und nach hat sich eine gewaltige Menge Sand und Schlamm über sie gelegt und die Algen so zusammen-gepresst, dass sie sich im Laufe von Millionen von Jahren zu Öl umgewandelt haben.

Mauslexikon

Akkus: Batterien, die man wieder aufladen kann.

Bakterien: Lebewesen, die nur unter dem Mikroskop sichtbar sind. Zum Teil verursachen sie Krankheiten.

Bartenwale: Große Wale, die Hornplatten (»Barten«) im Maul haben (und dafür keine Zähne). Damit filtern die Wale ihre Nahrung aus dem Meer.

Blasloch: Öffnung auf der Stirn, durch die Wale und Delfine atmen. Es ist sozusagen ihre »Nase«.

Blutkörperchen, rote: Zellen im Blut, die Sauerstoff zu den Organen befördern.

Brandung: Wellen, die auf eine Küste treffen. Auf dem offenen Meer nennt man Wellen »Seegang«.

Drüsen: Drüsen sind Körperteile, die Stoffe bilden. Beispiel: Speicheldrüsen im Mund.

Gezeiten: Anderes Wort für Ebbe und Flut.

Gliederfüßer: Sammelbegriff für Tiere, die Beine und einen Panzer haben (wie Insekten, Krebse, Spinnen und die ausgestorbenen Trilobiten).

Hoheitsgewässer: Zwölf-Seemeilen-Zone um Küsten herum. Dieses Stück Meer gehört dem Staat.

Kiefer: Der Knochen, auf dem die Zähne sitzen.

Kiemen: Atmungsorgane der Fische. Mit den Kiemen ziehen sie den Sauerstoff aus dem Wasser.

Kohlendioxid: Gas, das in der Luft enthalten ist, aber auch in Wasser gelöst sein kann. Alle Pflanzen, auch Algen, brauchen es zum Leben.

Kopffüßer: Sammelbegriff für Tintenfische, Kraken und Kalmare. Bei ihnen scheinen die Arme/Beine direkt am Kopf zu wachsen.

Larven: Zwischenform zwischen einem Ei und dem erwachsenen Tier. Sie sehen ganz anders aus als das Tier, das einmal aus ihnen wird.

Linse: Ein wichtiger Teil des Auges. Durch die durchsichtige Linse wird das Licht so ins Auge geleitet, dass ein Bild entsteht.

Nahrungskette: Winzige Pflanzen und Tierchen werden von kleinen Fischen gefressen, die kleinen Fische von größeren und die größeren Fische von großen Raubtieren wie Haien und Schwertwalen. So sieht die Nahrungskette im Meer aus.

Ökologen: Wissenschaftler, die Zusammenhänge in der Natur erforschen.

Osmose: Vorgang, bei dem die Natur versucht, einen Ausgleich herzustellen zwischen zwei Flüssigkeiten, die unterschiedlich viele Stoffe enthalten.

Perlmutt: Schimmerndes Material, mit dem manche Muschelarten das Innere ihrer Schalen auskleiden. Es besteht vor allem aus Mineralkristallen.

Plankton: Winzige Pflanzen und Tiere, die mit der Strömung im Meer treiben. Sie sind Nahrung für viele Meereslebewesen.

Polypen: Durchsichtige kleine Tiere, die immer gemeinsam leben und zusammen zum Beispiel eine Koralle oder eine Staatsqualle bilden. Sie vermehren sich ähnlich wie Pflanzen (indem sie neue Knospen hervorbringen). Oft haben sie Fangarme.

Revier: Bereich, in dem ein bestimmtes Tier lebt. Das Tier verteidigt sein Revier gegen Eindringlinge.

Revolvergebiss: Besonderes Gebiss von Haien. Wenn ein Zahn beschädigt ist oder ausgefallen ist, schieben sich sofort neue Zähne nach. Benannt ist dieses Gebiss nach einer Schusswaffe, in die man mehrere Patronen einlegen und nacheinander abschießen kann.

Riff: Gebilde aus den Skeletten von Korallenpolypen. In den Riffen leben Hunderte von Tierarten.

Sauerstoff: Gas in der Luft und im Wasser, das alle Tiere zum Leben brauchen.

Schnorchel: Längliches Rohr, durch das man atmen kann, während man den Kopf unter Wasser hat. Darf höchstens 40 Zentimeter lang sein, sonst bekommt man nicht genügend Frischluft!

Schwarze Raucher: »Kamine« in der Tiefsee, durch die 400 Grad heißes Wasser aus dem Erdinneren aufsteigt. Was aus ihnen herauskommt, sieht aus wie schwarzer oder weißer Rauch. Die Farbe stammt von den Mineralien, die das Wasser enthält. Von ihnen können sich Bakterien ernähren.

Schwimmblase: Gasgefüllter, dehnbarer Sack im Inneren eines Fischs. Mithilfe der Schwimmblase können Fische im Wasser schwimmen, ohne ständig unfreiwillig hochzusteigen oder zu sinken. Haie haben keine Schwimmblase, aber dafür eine riesige ölhaltige Leber, die dem gleichen Zweck dient.

Sinneszellen: Zellen, die Eindrücke (zum Beispiel Druckschwankungen im Wasser, elektrische Felder oder Geschmack) aufnehmen und ans Gehirn übermitteln. Zum Beispiel haben wir in unserer Zunge Zellen, mit denen wir schmecken können.

Strömung: Wasser, das sich bewegt. Zum Beispiel strömt ein Fluss immer in Richtung Meer. Im Meer gibt es viele Strömungen, die man von der Oberfläche aus kaum sieht.

Süßwasser: Wasser, das so gut wie kein Salz enthält. Es schmeckt nicht süß, sondern nach nichts. Leitungswasser ist Süßwasser.

Symbiose: Friedliches Zusammenleben zweier (oder mehrerer) Lebewesen, von der beide Seiten einen Vorteil haben.

Tang: Große Algen. Sie können verschiedene Farben haben und enthalten manchmal Gasblasen, damit sie an der Oberfläche schwimmen.

Tentakel: Fangarme von Quallen, Korallenpolypen und anderen Tieren dieser Art.

Tidenhub: Unterschied zwischen dem Wasserstand bei Ebbe und bei Flut. Je nach Meer einige Meter oder nur Zentimeter.

Titan: Sehr hartes und zugleich leichtes Metall.

Tsunami: Gewaltige Welle, die bei einem unterseeischen Erdbeben entsteht. Sie richtet am Ufer schwere Zerstörungen an. Das erste Signal, dass sich so eine Riesenwelle nähert, ist, dass sich das Wasser innerhalb weniger Minuten zurückzieht und der Meeresboden auf dem Trockenen liegt.

Verdunstung: Vorgang, bei dem flüssiges Wasser durch Hitze als Wasserdampf in die Luft aufsteigt.

Walhai: Größte Hai-Art, kann bis zu vierzehn Meter lang werden. Ernährt sich von Plankton.

Zelle: Kleinste Einheit eines Lebewesens. Sieht unter dem Mikroskop aus wie ein mit Flüssigkeit gefüllter Ballon. Es gibt Lebewesen aus nur einer Zelle, zum Beispiel Amöben (winzige Tiere). Menschen bestehen aber aus Milliarden von Zellen.

Register

Akku 37
Algen 12/13, 26, 53
Algenblüte 13
Auster 23

Bakterien 6, 9, 38
Bartenwal 46
Blasloch 46
Brandung 32, 50

Clownfisch 18/19, 25

Delfin 7, 12, 34, 41, 44–46

Ebbe 16/17

Falterfisch 18/19
Fische 6–9, 12/13, 24/25, 40/41
Fischerei 52
Flut 16/17

Gezeiten 16/17
Gliederfüßer 6

Hai 8/9, 12, 21, 32, 42–44
Hering 20
Hoheitsgewässer 52

Kelp 13
Kiemen 25, 32, 40/41
Kohlendioxid 27, 40/41
Kontinent 48–50
Kopffüßer 10
Korallen 26/27, 31/32, 38
Krake 10/11, 32, 42
Kreislauf des Wassers 5

Meeressaurier 6/7
Möwe 33
Muscheln 11, 17, 22/23

Nahrungskette 12

Ökologen 52
Öl 53
Osmose 32/33
Ozean 4/5, 16/17, 48–52

Perle 23
Perlmutt 23
Plankton 12/13
Polyp 15, 26/27
Putzerfisch 19

Qualle 14/15, 18/19
Quastenflosser 7

Raubfisch 8/9, 38
Revier 42
Revolvergebiss 42
Riff 24–27, 31/32

Salz 4/5
Salzwasser 32/33
Sauerstoff 27, 36, 40/41, 46
Schnorchel 35
Schwarm (Fisch-) 13, 20/21, 32, 44–46
Schwarze Raucher 36, 38
Schwimmblase 25, 41
Seeanemone 18/19, 25–27
Seitenlinienorgan 20, 40
Sinneszellen 20
Stör 8
Strömung 14
Süßwasser 4/5, 17, 32/33
Symbiose 19

Tang 13
Tauchboot 36–38
Tauchen 34/35
Tentakel 14, 18
Tidenhub 17
Tiefsee 10, 36–39, 42
Tintenfisch 10/11, 47
Titan 37
Totes Meer 5
Tsunami 51

U-Boot 36

Verdunstung 5

Wal 41, 46/47
Walhai 12, 42/43
Welle 16, 50/51
Wind 50

Zellen 32/33

55

FRAG doch mal...

Die große Sachbuchreihe mit der Maus!

Frag doch mal ... die Maus!
Ritter und Burgen
ISBN 978-3-570-13145-9

Frag doch mal ... die Maus!
Unser Wald
ISBN 978-3-570-13146-6

Frag doch mal ... die Maus!
Autos
ISBN 978-3-570-13147-3

Frag doch mal ... die Maus!
Zeitreise
ISBN 978-3-570-13148-0

Frag doch mal ... die Maus!
Dinosaurier
ISBN 978-3-570-13149-7

Frag doch mal ... die Maus!
Flugzeuge
ISBN 978-3-570-13150-3

Frag doch mal ... die Maus!
Meere und Ozeane
ISBN 978-3-570-13151-0

Frag doch mal ... die Maus!
Mein Körper
ISBN 978-3-570-13152-7

Frag doch mal ... die Maus!
Pferde
ISBN 978-3-570-13153-4

Frag doch mal ... die Maus!
Fußball
ISBN 978-3-570-13404-7

Frag doch mal ... die Maus!
Weltall
ISBN 978-3-570-13155-8

Frag doch mal ... die Maus!
Indianer
ISBN 978-3-570-13402-3

Frag doch mal ... die Maus!
Wale und Delfine
ISBN 978-3-570-13156-5

Frag doch mal ... die Maus!
Wetter und Klima
ISBN 978-3-570-13401-6

Frag doch mal ... die Maus!
Piraten
ISBN 978-3-570-13683-6

Frag doch mal ... die Maus!
Tiere aus aller Welt
ISBN 978-3-570-13634-8

Frag doch mal ... die Maus!
Weltreligionen
ISBN 978-3-570-13622-5

Frag doch mal ... die Maus!
Unsere Erde
ISBN 978-3-570-13400-9

Frag doch mal ... die Maus!
Berühmte Entdecker
ISBN 978-3-570-13633-1

8004/19

cbj
www.cbj-verlag.de/diemaus